Mission 8 ½
SOLEIL NOIR

Casterman
Cantersteen 47
1000 Bruxelles

www.cherubcampus.fr
www.casterman.com

Publié en Grande-Bretagne par Hodder Children's Books, sous le titre : *Dark Sun*
© Robert Muchamore 2010 pour le texte.

ISBN 978-2-203-06217-7
N° d'édition : L.10EJDN001111.C009

casterman

© Casterman 2012
Achevé d'imprimer en septembre 2016, en Espagne.
Dépôt légal : octobre 2012 ; D.2012/0053/450
Déposé au ministère de la Justice, Paris (loi n° 49.956 du 16 juillet 1949
sur les publications destinées à la jeunesse).

Robert Muchamore
SOLEIL NOIR

Traduit de l'anglais
par Antoine Pinchot

CHERUB/08¹ᐟ²

Avant-propos

CHERUB est un département spécial des services de renseignement britanniques composé d'agents âgés de dix à dix-sept ans recrutés dans les orphelinats du pays. Soumis à un entraînement intensif, ils sont chargés de remplir des missions d'espionnage visant à mettre en échec les entreprises criminelles et terroristes qui menacent le Royaume-Uni. Ils vivent au quartier général de CHERUB, une base aussi appelée « campus » dissimulée au cœur de la campagne anglaise.

Ces agents mineurs sont utilisés en dernier recours dans le cadre d'opérations d'infiltration, lorsque les agents adultes se révèlent incapables de tromper la vigilance des criminels. Les membres de CHERUB, en raison de leur âge, demeurent insoupçonnables tant qu'ils n'ont pas été pris en flagrant délit d'espionnage.

Rappel réglementaire

En 1957, CHERUB a adopté le port de T-shirts de couleur pour matérialiser le rang hiérarchique de ses agents et de ses instructeurs.

Le T-shirt **orange** est réservé aux invités. Les résidents de CHERUB ont l'interdiction formelle de leur adresser la parole, à moins d'avoir reçu l'autorisation du directeur.

Le T-shirt **rouge** est porté par les résidents qui n'ont pas encore suivi le programme d'entraînement initial exigé pour obtenir la qualification d'agent opérationnel. Ils sont pour la plupart âgés de six à dix ans.

Le T-shirt **bleu ciel** est réservé aux résidents qui suivent le programme d'entraînement initial.

Le T-shirt **gris** est remis à l'issue du programme d'entraînement initial aux résidents ayant acquis le statut d'agent opérationnel.

Le T-shirt **bleu marine** récompense les agents ayant accompli une performance exceptionnelle au cours d'une mission.

Le T-shirt **noir** est décerné sur décision du directeur aux agents ayant accompli des actes héroïques au cours d'un grand nombre de missions. La moitié des résidents reçoivent cette distinction avant de quitter CHERUB.

La plupart des agents prennent leur retraite à dix-sept ou dix-huit ans. À leur départ, ils reçoivent le T-shirt **blanc**. Ils ont l'obligation – et l'honneur – de le porter à chaque fois qu'ils reviennent au campus pour rendre visite à leurs anciens camarades ou participer à une convention.

La plupart des instructeurs de CHERUB portent le T-shirt blanc.

1. Date limite

JUILLET 2007

L'établissement scolaire public de Honeywill aurait pu être comparé à une décharge publique, mais c'était le dernier jour de l'année, et tout le monde affichait un sourire radieux. Des professeurs que rien n'était parvenu à dérider depuis le mois de septembre avaient autorisé les élèves à jouer à la Nintendo DS sur la pelouse ensoleillée. Le directeur lui-même portait des lunettes noires et un short de tennis. Les souffre-douleur encaissaient les sévices de bonne grâce, car ils savaient que dès que la cloche aurait sonné, ils échapperaient à leurs bourreaux pendant six longues semaines.

Les dessins, exposés et posters avaient été retirés des murs de la classe de Greg, située au deuxième étage du bâtiment. Le jeune homme était penché à l'une des fenêtres, cravate autour du front et chemise déboutonnée. Dans la cour, garçons et filles profitaient de la pause de midi. Les uns tapaient dans un ballon. Les autres bavardaient avec animation. Une file d'attente s'était formée devant la fontaine. C'était la journée la plus chaude de l'année.

— Tiens, respire-moi ça, dit Zhang en brandissant une barquette en plastique translucide sous le nez de son camarade.

La puanteur était difficilement soutenable. Greg recula vivement, mit le pied dans une corbeille à papier et faillit s'affaler sur le lino.

— C'est immonde, pas vrai ? sourit son camarade sans cesser d'agiter le récipient.

— Dégage ! hurla Greg, saisi d'un haut-le-cœur. C'est le déjeuner que t'a préparé ta mère ?

Zhang replaça le couvercle.

— Non. J'ai retrouvé cette boîte dans mon casier. Elle vient de la cantine. Ce coleslaw est périmé depuis le 14 novembre, à en croire l'étiquette.

Le troisième garçon qui se trouvait dans la salle, un grand échalas nommé George, éclata de rire.

— Ferme-la, coton-tige, gronda Greg, ou je te plonge la tête dedans.

Il baissa les yeux et considéra avec amusement l'amas d'objets répugnants que Zhang avait exhumés de son casier et jetés pêle-mêle sur le sol : des manuels maculés de boue au contact de ses chaussures de football, des papiers gras, des Kleenex usagés et une bouteille de Tipp-Ex qui avait fui sur ses cahiers, formant une épaisse couche blanchâtre.

— Tu es un porc, ricana-t-il. Je n'aurais jamais imaginé que ce placard pouvait contenir autant d'ordures.

Zhang traîna sa lourde silhouette vers ses camarades.

— Greg, si ton casier est nickel, c'est parce que tu n'es inscrit dans ce bahut que depuis deux mois.

George secoua la tête.

— Non, Zhang. C'est beaucoup plus simple que ça. Ton casier est à vomir, pour la bonne raison que tu es un gros dégueulasse.

Zhang, qui ne supportait pas qu'on évoque son embonpoint, bouscula son interlocuteur.

— Tu veux que je t'en mette une ?

En dépit de l'amitié qui les liait depuis la maternelle, Zhang n'hésitait jamais à s'en prendre physiquement à George pour lui faire ravaler ses railleries.

Greg s'efforça de désamorcer la tension.

— Encore une scène de ménage… soupira-t-il. Allez, roulez-vous une pelle et faites la paix, comme d'habitude.

Zhang fit un pas en arrière, toisa son interlocuteur puis tourna les talons. En vérité, il n'avait guère le choix : Greg n'était pas très grand pour un élève de quatrième, mais il était costaud, et ses biceps saillaient sous les manches relevées de sa chemise.

— Oh, j'allais oublier, lança George en achevant de fourrer le contenu de son casier dans son sac à dos. Je suis obligé d'aller à un barbecue chez ma tante, samedi soir, et Zhang part pour la Chine dimanche. Pour notre nuit X-box, c'est aujourd'hui ou jamais.

— Ah… lâcha Greg, l'air pensif, en promenant ses doigts dans ses cheveux noirs ébouriffés.

— Tu es dispo ? demanda George.

Greg haussa les épaules puis sortit un petit Nokia de la poche de son pantalon.

— Sans doute. Je veux dire… il faut que j'envoie un SMS à mon père, mais je crois que nous n'avons rien de prévu, alors je ne vois pas pourquoi il dirait non.

— Cool ! s'exclama son camarade avant de claquer la porte de son casier et de s'essuyer le front d'un revers de manche.

— Je peux venir avec mon cousin Andy ? ajouta Greg. Je sais que vous ne l'avez jamais rencontré, mais il est super marrant, je vous promets.

— Plus on est de fous… répondit George. Pfou, il fait une de ces chaleurs, aujourd'hui…

— Quand je vivais en Australie, il faisait cette température *en plein hiver*.

— *Quand je vivais en Australie*, répéta Zhang en imitant l'accent de Greg, *il faisait quatre cents degrés à l'ombre. Les koalas tombaient des arbres rôtis comme des poulets.*

— Ne te moque pas de la façon dont je parle, répliqua Greg. Ça fait craquer toutes les filles.

— Elles ont vraiment des goûts bizarres. De toute façon, il n'y en a que pour les Monsieur Muscle sans rien dans la cervelle…

— Tu dis ça parce que tu t'es fait jeter par Amy deux fois, sourit George en marchant vers la fenêtre.

— Oh, tu peux parler, toi, répliqua Zhang. Tu t'es déjà regardé dans une glace ?

George s'accouda à la fenêtre qui dominait la cour. Un éclat de rire familier parvint à ses oreilles.

— Zhang! lança-t-il avec excitation. Passe-moi ta boîte de coleslaw. Ma sœur est juste en bas.

Greg et Zhang se précipitèrent à ses côtés.

— Génial, sourit ce dernier. Elle est *tellement* canon.

— Beurk, frissonna George. On voit bien que tu ne l'as jamais vue se raser les jambes dans la salle de bains. Elle est poilue comme un singe.

— Regarde les choses en face, objecta Greg. Si Sophie n'était pas ta sœur, tu la trouverais irrésistible, comme nous tous.

— C'est parce que vous ne connaissez pas sa personnalité. C'est une chieuse de première.

— Ce que je ne comprends pas, c'est comment un mec comme toi, avec son allure de crevette, peut avoir une sœur aussi bien foutue.

— La ferme.

Greg et Zhang se turent, non pas parce que George leur avait intimé le silence, mais parce qu'il venait d'ôter le couvercle de la boîte de coleslaw.

— Oh, bon sang, qu'est-ce que ça pue… gémit Greg.

— C'est dingue, il y a des bulles, et la boîte est toute *chaude* !

— Jette-la! Qu'est-ce que tu attends?

Mais George hésita.

— Vas-y! insista Zhang. Souviens-toi : elle a prêté la moitié de tes jeux PSP à son ex, et tu ne les as jamais revus.

George secoua la tête.

— Non, il ne vaut mieux pas. Si ma mère apprend ça, elle risque de me pourrir les vacances.

— Tu es un trouillard ! gronda Zhang. Je *savais* que tu allais te dégonfler.

Au moment où son camarade s'apprêtait à refermer le couvercle, Zhang lui boxa violemment le coude, si bien que la boîte fut propulsée dans les airs. George jongla quelques secondes avec elle, sans parvenir à la récupérer. Le récipient tomba à la verticale dans la cour.

Greg se pencha à la fenêtre.

— Regarde un peu où tu vises ! grogna Sophie.

Elle s'était écartée de quelques mètres afin d'éviter un ballon de football tiré depuis le terrain voisin. Un garçon robuste, au crâne rasé et au torse nu ruisselant de sueur, arriva en courant et se baissa pour le ramasser.

Pétrifiés, George, Greg et Zhang regardèrent la boîte tourbillonner dans les airs, filant droit dans sa direction.

— Zhang, espèce de crétin ! s'étrangla George.

Le récipient atteignit le lycéen à la nuque. Une masse brune en jaillit, éclaboussant son dos du cou au coccyx.

Deux étages plus haut, les trois garçons s'écartèrent de la fenêtre, mais dans sa hâte, George oublia de se baisser et se cogna violemment le sommet du crâne.

— Espèce d'abruti ! lança-t-il à l'adresse de Zhang. C'est Thomas Moran. S'il nous a vus, on est morts.

— Jamais entendu parler de ce type, dit Greg.

George frotta sa tête endolorie.

— C'est juste l'un des mecs les plus violents du lycée. Il fait partie de l'équipe de rugby. Il a *plein* de potes.

— Je crois qu'il n'a pas eu le temps de nous voir. Et il est impossible de savoir de quel étage la boîte est tombée.

Zhang s'approcha prudemment de la fenêtre et risqua un œil à l'extérieur.

— Sophie et ses copines ont toutes le bras tendu dans notre direction. Moran et l'un de ses copains viennent d'entrer dans le bâtiment.

Saisi de panique, George secoua ses bras grêles en tous sens.

— Pourquoi tu as fait ça, Zhang ? Ces types-là ne font pas de prisonniers. S'ils nous mettent la main dessus, ils vont nous exploser !

Greg épaula son sac à dos et se dirigea vers la porte.

— Économisez votre salive et courez, dit-il avec le plus grand calme.

— C'est trop horrible, frissonna George.

Zhang se précipita hors de la salle. Greg saisit George par le col et le tira vers le couloir.

— Calme-toi, et tout ira bien. Mais il faut qu'on se magne.

Zhang, qui avait parcouru une trentaine de mètres, atteignit la cage d'escalier. Il espérait pouvoir se cacher dans une salle de classe inoccupée du premier étage, mais il était déjà trop tard. Les deux élèves de seconde gravissaient les marches quatre à quatre.

— Là, c'est lui, le gros lard ! hurla Thomas Moran.

Dans un crissement de semelles, Zhang fit volte-face. Greg et George détalaient dans la direction opposée.

— Eh, les mecs ! cria-t-il en se mettant à courir aussi vite que le lui permettaient ses énormes jambes. Attendez-moi !

2. Déjeuner sur l'herbe

La campagne anglaise fourmillait d'installations gouvernementales secrètes : laboratoires de recherche nucléaire, dépôts d'armes et centraux de communication. Parmi celles-ci, le campus de CHERUB faisait l'objet d'une surveillance particulière. La forêt environnante appartenait à l'État. À son emplacement, les cartes indiquaient un site militaire réservé aux exercices d'artillerie.

Ceux qui ignoraient les nombreux panneaux d'avertissement, disposés de part et d'autre de la petite route menant à l'entrée du complexe, étaient accueillis par des militaires armés de fusils d'assaut Heckler & Koch. L'espace aérien était inclus dans celui de la base de la Royal Air Force située à cinq kilomètres à l'est, ce qui interdisait tout survol.

Vu d'en haut, le campus, avec ses bâtiments bien entretenus, ses terrains de sport et ses courts de tennis, ressemblait à un pensionnat pour enfants de milliardaires. Seuls l'en différenciaient une construction en forme de banane hérissée d'antennes satellites, un héliport, un parcours d'entraînement commando et un champ de tir à ciel ouvert.

Il faisait un temps superbe. La plupart des agents de CHERUB avaient déjeuné au bord du lac. Nombre d'entre eux barbotaient près de la rive, mais il était formellement interdit de s'en écarter afin de ne pas déranger la famille de canards qui avait élu domicile sur l'îlot boueux situé au centre de la pièce d'eau.

Lauren Adams, douze ans, était étendue parmi les pâquerettes, les pieds nus dans l'herbe fraîche, une main sur les yeux pour se protéger de l'éclat du soleil. Elle venait de dévorer une barquette de ses sushis préférés, mais elle broyait du noir. Elle avait de gros ennuis, et, pour une fois, elle n'y était pour rien.

Andy Lagan, un garçon à la peau laiteuse, était assis à ses côtés. Il posa son manga et lui secoua gentiment le bras.

— Remets tes bottes, dit-il. Zara est là.

— Oh, la poisse, grogna Lauren avant de s'asseoir.

Tous les agents revêtaient l'uniforme durant les heures de cours : un T-shirt orné du logo CHERUB dont la couleur dépendait de leur rang hiérarchique, un pantalon de treillis kaki équipé de fermetures Éclair, permettant de le transformer en bermuda si la météo l'autorisait, et des bottes militaires noires.

Andy enfila son T-shirt à la hâte.

— Tu ferais mieux de te magner, dit-il. Zara doit être de très mauvaise humeur.

Cette dernière était plantée au centre de la piste goudronnée, à cinquante mètres du lac. Une main posée sur la hanche, elle s'appuyait contre l'une des petites voitures électriques que les membres de l'encadrement empruntaient pour se déplacer dans le campus.

Zara Asker, trente-sept ans, portait une robe à fleurs. Depuis la naissance de son deuxième enfant, un an auparavant, elle n'était pas parvenue à retrouver la ligne. En dépit des apparences, elle occupait l'un des postes les plus importants des services de renseignement britanniques. En tant que directrice de CHERUB, elle remplissait à la fois les fonctions de professeur principal et d'espionne en chef. Elle était appréciée de la plupart des résidents du campus, sauf lorsque la situation exigeait qu'elle distribue des punitions.

Sans prendre le temps de faire ses lacets, Lauren rejoignit Andy et six de ses camarades près de la voiturette : outre un garçon et une fille de treize ans, le groupe était constitué de T-shirts gris âgés de dix à onze ans, tous bons amis, qui commettaient les pires bêtises sous l'influence de Jake Parker, leur leader, un perturbateur aux cheveux hérissés.

— Mettez-vous en rang, gronda Zara Asker.

Elle considéra d'un œil sévère le pantalon trempé et taché de ketchup de Jake.

— Tu oses te présenter devant moi dans cette tenue ?

Lauren, qui n'appréciait pas beaucoup Jake, buvait du petit-lait. Ce dernier tira fébrilement sur son T-shirt.

— Je vous prie de m'excuser, madame, gémit-il. Mon hot-dog m'a échappé des mains.

Zara examina la tache.

— Tu me feras le plaisir de passer ton pantalon au détachant avant de le déposer à la blanchisserie.

— Oui, madame.

Zara répugnait secrètement à sanctionner ses protégés. Ce n'était tout simplement pas son truc. Aux yeux de Lauren, la remontrance que venait d'essuyer Jake était insignifiante.

— Avant que je ne commence, avez-vous quelque chose à déclarer pour votre défense ? demanda la directrice.

Les huit agents baissèrent la tête en signe de soumission. Aucun d'entre eux ne se sentait le courage d'affronter le regard de Zara. Lauren brûlait de lui expliquer que Jake et ses trois complices étaient seuls responsables, mais elle savait que cette accusation ne ferait qu'aggraver la situation : son rival se contenterait de renvoyer l'attaque, et la discussion tournerait à l'échange d'insultes, ce qui ne serait pas au goût de la directrice.

Cette dernière remonta la bretelle de sa robe d'été et lâcha un profond soupir.

— Vous êtes tous des agents qualifiés. Lauren porte le T-shirt noir, et les plus jeunes d'entre vous attendent toujours de se voir proposer leur première mission. Vous avez été sélectionnés parce que, en théorie, vous faites partie des deux à trois pour cent de la population assez brillants pour être admis à CHERUB. Nous vous avons enseigné tout ce que vous deviez savoir : techniques de renseignement, arts martiaux, maniement d'armes, langues étrangères… En d'autres termes, vous êtes censés être des petits génies, des perles rares, l'élite de votre génération. C'est pourquoi je suis à ce point consternée par ce qui s'est passé ce matin.

Zara se pencha à l'intérieur de la voiture électrique et s'empara d'un avion en papier froissé posé sur le siège passager. Ses flancs portaient l'inscription *Je m'emmerde Airlines*. Un sexe masculin était grossièrement représenté sur l'une des ailes.

—Ceci n'est qu'un des onze avions que j'ai trouvés dans votre salle de classe. Je ne parle même pas des centaines de boulettes, des traces de bottes sur les tables ou de l'état des stores auxquels un idiot a eu la bonne idée de se suspendre.

Lauren réprima un sourire. Elle revoyait Jake, le matin même, tentant vainement de récupérer un avion coincé entre deux lattes haut perchées. Il avait perdu l'équilibre, tenté de se retenir au store et l'avait entraîné dans sa chute.

—Votre faute est aggravée par le fait que vous vous êtes comportés ainsi devant un conférencier venu de l'extérieur. Je sais bien qu'il n'est pas facile de se concentrer par ce temps superbe, et que ce cours de quatre-vingt-dix minutes sur la préservation des preuves ADN n'avait rien de très excitant. Mais Mr Donaldson a fait le voyage depuis le siège du MI5 pour vous faire partager ses connaissances, et je pensais que vous étiez assez mûrs pour garder le contrôle de vos nerfs sans qu'il soit nécessaire de charger un membre du personnel de vous surveiller.

Andy leva la main.

— Madame, nous ne sommes pas *tous* dans le coup.

Zara fronça les sourcils.

— J'ai observé les empreintes de bottes sur les tables, et Mr Donaldson a précisé que les quatre garçons les plus jeunes de la classe devaient être tenus pour principaux responsables, mais personne n'a rien fait pour les empêcher de nuire. Même si vous estimiez que vous n'étiez pas en mesure de rétablir l'ordre, vous auriez dû donner l'alerte. Vous êtes des agents opérationnels. Pensez-vous être capables de démanteler un réseau terroriste ou un gang de narcotrafiquants alors que vous ne parvenez même pas à maîtriser une bande de gamins chahuteurs ?

Lauren était profondément contrariée. Zara était un ancien agent de CHERUB, mais elle semblait avoir effacé de sa mémoire la règle tacite qui interdisait aux résidents du campus de se dénoncer les uns les autres.

— Vous recevrez tous la même punition : vous paierez chacun sept livres cinquante pour remplacer le store cassé, puis vous passerez le reste de la journée sur le parcours commando en compagnie de Miss Speaks.

Les huit agents manifestèrent leur mécontentement par un concert de grognements, mais seul Jake se risqua à protester.

— C'est nul ! cria-t-il. Des tours de piste d'athlétisme, je veux bien, mais de parcours commando, ça ne s'est jamais vu !

Zara marcha jusqu'au garçon et le regarda droit dans les yeux.

— Tu t'es comporté comme un sauvage devant une personne étrangère à l'organisation, et tu m'as couverte de honte. Les cours des conférenciers extérieurs sont d'une importance capitale. Si je vous laisse agir de cette façon, ils rejetteront toutes nos invitations.

— Si vous le dites...

— Je n'aime pas beaucoup ce ton, Jake Parker, grinça Zara. Et puisque tu tiens tant à faire des tours de piste, ce sera vingt par jour toute la semaine prochaine. Tant que j'y suis, tu seras privé d'argent de poche pendant un mois et tu resteras consigné dans ta chambre pendant deux week-ends.

Profondément ébranlé par cette annonce, Jake se mit à trembler imperceptiblement. Lauren se réjouissait de le voir ainsi accablé. Sa bêtise et son inconséquence lui avaient coûté sept livres cinquante et un après-midi de torture sur le parcours commando.

— Miss Speaks vous attend, conclut Zara en désignant la zone boisée qui s'étendait au-delà du lac. Je vous conseille de vous mettre à courir. Elle n'est pas très patiente.

3. Cul-de-sac

— Magne-toi ! lança Greg en tirant George par le col de sa chemise.

— Je ne peux pas aller plus vite, haleta ce dernier. J'ai un point de côté.

Ils avaient fait halte à l'extrémité du long couloir, sur le palier de l'escalier de service que les élèves n'étaient autorisés à emprunter que lors des exercices anti-incendie. Zhang se traînait péniblement derrière eux, les deux élèves de seconde à ses trousses.

— En passant par la salle d'étude des Terminales, on peut accéder à la cantine, expliqua Greg. On sera en sécurité, là-bas. Ça grouille de surveillants.

George jeta un coup d'œil par-dessus son épaule puis, le souffle court, se remit à courir.

— Tu n'es vraiment pas en forme, fit observer Greg. Il serait temps de te mettre au sport.

Au moment où ils atteignirent le rez-de-chaussée, Zhang avait refait son retard, mais Thomas Moran et son copain Johno ne se trouvaient plus qu'à une volée de marches.

Greg se heurta à la porte vitrée de la salle d'étude.

— Bon sang, c'est fermé à clé !

Derrière la paroi transparente, chaises et meubles étaient rassemblés au centre de la pièce. Des bâches recouvraient le sol. Un écriteau placé en évidence annonçait :

L'annexe des Terminales s'offre un coup de jeune !
Réouverture en septembre 2007
Bon été à tous !

— Et merde, gronda Greg.

— On est foutus, s'étrangla George.

Zhang fut le premier à s'engager dans le couloir le plus proche. Dix mètres plus loin, les trois fuyards s'immobilisèrent devant l'entrée du gymnase, dont les portes restaient closes durant la pause déjeuner. Greg tenta vainement de les enfoncer à coups d'épaule, puis les trois complices se ruèrent dans le passage aux parois peintes en bleu menant au vestiaire des garçons.

Une puissante odeur de sueur les prit à la gorge. Un nuage de vapeur flottait dans les airs. Des chaussettes abandonnées et des Kleenex usagés jonchaient le sol humide. À gauche des bancs de bois surmontés par une rangée de patères se trouvaient les douches collectives. À droite, des cabines de WC jouxtaient une dizaine d'urinoirs.

Greg et George jetèrent un regard circulaire à la pièce, espérant y découvrir une porte coupe-feu ou une sortie de secours.

—Vous êtes dans un cul-de-sac, les mecs ! lança Thomas Moran, planté dans l'encadrement de la porte, en frappant ses poings énormes l'un contre l'autre.

Pris de panique, Zhang s'enferma dans une cabine.

Greg et George reculèrent vers les douches.

—Fais pas de connerie, gémit ce dernier en levant les mains. C'est ma sœur que je visais. Tiens, si tu nous laisses partir, je te filerai un billet de vingt livres, le jour de la rentrée. Sur la tête de ma mère.

D'un coup de pied, Johno fit sauter le verrou de la cabine. Brutalement soulevée de ses gonds, la porte frappa Zhang au visage, lui arrachant un hurlement de douleur.

—Sale petit merdeux ! s'exclama son agresseur en le bourrant de coups de poing.

—Pitié, pitié ! pleurnicha Zhang.

Greg poussa George à l'intérieur des douches et fit face à Thomas Moran. En dépit de sa carrure imposante, il venait à peine de fêter ses treize ans. Son adversaire le dominait de la tête et des épaules. Avec ses cheveux ras et son torse musculeux, celui-ci ressemblait à un tueur à gages de la mafia russe.

—Toi, au moins, tu as du cran, ricana Moran. Pourquoi tu traînes toujours avec ce gros lard et ce squelette ambulant ?

—Je ne veux pas d'ennuis, dit Greg. Mais je t'avertis, mon père est instructeur de kick-boxing, et il m'a appris à me défendre.

Thomas éclata de rire, le douchant littéralement de postillons.

— Eh bien, vas-y, ne te gêne pas. Montre-moi ce que tu sais faire.

Des cris désespérés résonnèrent dans la cabine de WC.

Thomas se tourna pour profiter du spectacle. Johno, un genou planté entre les omoplates de Zhang, le tenait fermement par les cheveux. Il adressa à son camarade un sourire malveillant, plongea la tête de son souffre-douleur dans les toilettes, puis tira la chasse d'eau.

— Bien joué, Johno, dit Thomas. Ce minable avait vraiment besoin d'un shampooing.

Greg fit un pas de côté et leva une main ouverte à hauteur de son visage. Au moment où Thomas pivota pour lui faire face, il lui porta un violent coup de paume à la tempe.

Le cou de Thomas Moran se plia sous le choc. Il tomba en arrière, raide comme une bûche, et heurta le mur carrelé. Les yeux révulsés, il s'effondra dans une position étrange, les jambes largement écartées, la moitié supérieure du corps reposant sur un banc.

— Nom de Dieu ! s'exclama George. Mais qu'est-ce que tu as fait ?

Greg enjamba le corps de Thomas et se dirigea d'un pas assuré vers les toilettes. C'était un endroit sordide, pestilentiel, inondé de flaques de boue et d'urine.

Johno lâcha sa proie, jaillit de la cabine et se précipita dans sa direction en battant des bras en tous sens. Greg esquiva aisément ses attaques désordonnées, tourna autour de son adversaire et le frappa sèchement à l'arête du nez.

Constatant que ce dernier était désorienté, il lui

plaça un direct au plexus, planta un genou dans ses reins puis le mit hors d'état de nuire d'un ultime coup tranchant sur la nuque.

Johno s'écroula sur le sol, le nez en sang. Zhang s'extirpa de la cabine, cheveux et chemise dégoulinants d'eau fétide, et porta à son bourreau un coup de pied vengeur à l'abdomen.

— Il a son compte, sourit Greg. Et toi, rien de cassé ?

— Ces toilettes sont dégueulasses, répondit Zhang d'une voix tremblante.

— Rentre chez toi et va prendre une douche. Tu ne rateras que la moitié de la dernière heure de cours, et on te trouvera une excuse crédible.

Étalé près des urinoirs, Johno, secoué d'une irrépressible quinte de toux, tentait vainement de se remettre sur pied.

— Toi, tu restes couché jusqu'à ce qu'on soit partis.

Zhang se traîna vers la sortie.

— Je crois qu'il est encore en vie, dit George, accroupi au chevet de Thomas Moran.

— Ne te fais pas de souci pour lui. Un coup de paume à la tempe n'a jamais tué personne. Au pire, il se réveillera avec une grosse migraine.

— On ferait mieux de se tirer en vitesse. Si quelqu'un nous trouve ici…

— Laisse-moi quelques secondes, répondit Greg en s'emparant d'un morceau de savon grisâtre posé sur le rebord d'un lavabo. Je ne peux pas retourner en classe avec du sang plein les mains. N'est-ce pas, Johno ?

En dépit de sa stature de joueur de rugby, ce dernier, adossé à un mur, se tordait les mains comme un petit garçon qui vient de prendre une fessée. Il était au bord des larmes.

Greg s'essuya les mains sur son pantalon puis s'engagea dans le couloir.

— Et s'ils te dénoncent ? demanda George.

— Ils font deux têtes de plus que moi. Qui croira que j'ai pu leur faire la tête au carré ?

— Je n'y croirais pas moi-même, si je ne l'avais pas vu de mes propres yeux. Tu nous as sauvé la vie, mon pote. Je pensais que tu allais en prendre plein la poire. Tu m'avais dit que tu te débrouillais en kick-boxing, mais je n'aurais jamais imaginé un truc pareil. J'en ai connu des types qui se vantaient d'être ceinture noire, mais ils ne faisaient pas le poids lorsque ça commençait à chauffer…

— Mon père est instructeur, répéta Greg. Je m'entraîne tous les jours, après les cours.

— C'est génial. Dès que cette histoire aura fait le tour du lycée, personne n'osera plus s'en prendre à nous.

Greg sourit avec modestie.

Son père était mort en Australie, quinze mois plus tôt, sans avoir jamais pratiqué les arts martiaux.

Son véritable nom était Gregory Rathbone, mais tous ses camarades de CHERUB le surnommaient Rat.

4. Un misérable ver de terre

Le parcours commando du campus de CHERUB était un circuit de deux kilomètres constitué d'obstacles divers et variés, de tunnels infestés de rats, d'échelles de corde, de murs d'escalade et de fossés boueux. En théorie, n'importe quel enfant de douze ans aurait été capable de le boucler en un peu moins d'une heure, pourvu qu'il ne soit pas victime d'une mauvaise chute ou paralysé par le vertige.

Les huit agents avaient accompli le parcours des centaines de fois au cours du programme d'entraînement initial. Andy Lagan et Lauren Adams présentaient tous deux un record personnel inférieur à vingt minutes. Ce n'était pas une partie de plaisir, mais ils étaient rompus à cet exercice et l'accomplissaient mécaniquement, sans la moindre appréhension. Aussi Miss Speaks, soucieuse de leur infliger une punition digne de ce nom, avait-elle pris des dispositions particulières.

C'était une femme peu amène, aux épaules larges et à la voix grave. Ses bras étaient énormes. Personne, pas même ses collègues instructeurs, n'était jamais parvenu à la battre au bras de fer.

Elle avait distribué des sacs à dos lestés de plaques de plomb pesant de dix à quinze kilos, en fonction de l'âge et de la taille des agents. Entre chaque obstacle, elle avait prévu quelques épreuves propres à éprouver leur endurance. En outre, elle avait ordonné à ses assistants disséminés sur le parcours de rendre le franchissement des obstacles aussi difficile que possible.

Les cinquante premiers mètres du parcours consistaient en une pente qui s'accentuait progressivement et s'achevait par une portion verticale que les agents devaient gravir à l'aide d'une corde à nœuds. Au mieux, ceux qui lâchaient prise roulaient dans la poussière jusqu'à la ligne de départ, mais les plus malchanceux couraient le risque de se blesser contre les rochers environnants.

Le sommet de la colline constituait le point le plus élevé du parcours. C'est de cette position que Miss Speaks observait le comportement des agents. Dix mètres plus loin, trois longues poutres de dix centimètres de largeur permettaient de franchir un ravin de quatre mètres, au fond duquel se trouvait un étang saturé de vase ceint d'une épaisse forêt d'orties.

L'agent James Adams, quinze ans, avait passé la nuit à jouer à la PlayStation au lieu de rédiger son devoir sur Napoléon Ier. Il avait saisi la chance que lui offrait l'instructrice de se soustraire à cette exigence, et accepté de lui servir d'assistant pendant la durée de l'épreuve.

Il était assis sur la plate-forme haut perchée aménagée entre deux chênes, aux abords de la pièce d'eau. Son camarade Bruce Norris se trouvait à ses côtés. Dans leur dos, deux sacs de frappe rouges se balançaient à une solide branche.

En tendant l'oreille, ils pouvaient entendre les jurons et les gémissements des deux jeunes agents qui gravissaient la pente.

—Du nerf, bande de larves ! hurla Miss Speaks en leur jetant des mottes de terre au visage. Attrapez cette corde et soulevez vos grosses fesses… Mais vous n'avez rien dans les bras, ma parole ? Si vous ne vous remuez pas, je vous colle deux mois de programme de remise en forme.

James vit apparaître la tête de sa sœur Lauren au sommet de la colline. Andy, son binôme, se trouvait juste derrière elle. Ils entamaient leur troisième tour sous un soleil de plomb, et l'énergie commençait à leur manquer.

Le visage de la jeune fille était rouge vif, ses cheveux rassemblés en chignon trempés de sueur. De larges taches sombres s'étaient formées sur le T-shirt d'Andy. Leur pantalon et leurs bras nus étaient incrustés de boue, témoignage des minutes passées à ramper dans un tunnel de béton et à patauger dans un fossé d'évacuation.

—Vingt-cinq pompes, ordonna Speaks. Ne restez pas plantés la gueule ouverte. Allez, allez, allez !

Andy et Lauren plongèrent à plat ventre. En dépit des douze kilos de plomb que contenait son sac, cette dernière accomplit l'exercice sans flancher. Hélas, handicapé par des bras longs et minces, son camarade s'interrompit après quinze mouvements.

— Qu'est-ce que tu fous ? glapit Miss Speaks. Tu prétends être un homme ? Ta copine est cent fois plus solide que toi.

Les épaules tétanisées, Andy essaya de se soulever du sol une seizième fois. Ses bras se mirent à trembler, puis il s'écroula sur le sol rôti par le soleil.

— Tu n'as rien dans le bide ! hurla Speaks en posant sa botte militaire pointure quarante sur la tête du garçon. Répète après moi : je ne suis qu'un misérable ver de terre.

— Hon... movoroble... vor de torre, gémit-il, la bouche pleine de sable et de poussière.

— Alors gigote comme un lombric.

Profondément humilié, Andy plaça les bras le long du corps puis agita mollement les hanches. Lauren se tourna vers l'instructrice et la fusilla du regard.

— Oh, mais c'est que ça me ferait les gros yeux ! gronda Speaks. Tu ferais mieux de continuer sans lui. C'est un boulet.

— Andy est mon partenaire, clama Lauren.

— C'est bien, tu fais preuve de loyauté. Pour la peine, tu vas me faire les dix pompes que ce minus n'a pas été foutu de terminer.

Lauren était ulcérée, mais elle souhaitait en finir au plus vite et ne plus revoir l'instructrice jusqu'au quatrième passage. Elle s'allongea à nouveau et se remit à l'ouvrage. Son sac chargé de plomb pesait lourdement sur son dos et ses bras. La chaleur était étouffante. Une goutte de sueur coula de son front jusqu'au bout de son nez puis tomba dans la poussière.

Une discipline stricte, des sanctions impitoyables et un entraînement physique intensif : c'était le prix à payer pour faire partie de CHERUB. Ces contraintes rigoureuses permettaient aux membres de l'organisation d'assurer leur propre sécurité lors des missions d'infiltration et d'accomplir des exploits hors de portée des enfants ordinaires.

Ils étaient libres de quitter les services secrets et de reprendre une existence normale au sein d'une famille d'accueil. Lauren n'avait jamais envisagé cette possibilité. Rien n'aurait pu la faire fléchir. Les souffrances endurées lors des épreuves d'entraînement disparaissaient après une bonne douche, et elle avait pleinement conscience d'être une personne exceptionnelle.

À son arrivée au campus, elle n'était qu'une petite fille comme les autres, peut-être un peu plus vive que la moyenne. En trois ans, elle était devenue l'un des agents les mieux notés de CHERUB. Elle parlait parfaitement le russe et l'espagnol, pouvait courir dix kilomètres sans s'essouffler, savait conduire toutes sortes de véhicules, y compris sur route glacée, maîtrisait le maniement de toutes les armes modernes et connaissait mille et une façons de maîtriser un adversaire à mains nues.

Alors qu'elle poussait sur ses bras pour la dixième fois, Speaks posa une main sur son sac et appuya fermement. Plus Lauren raidissait ses muscles, plus l'instructrice accentuait la pression.

— Chahuter devant un invité du campus... soupira

cette dernière. Est-ce que tu regrettes ta conduite, petite ingrate ?

Lauren pensa à Jake Parker, le fauteur de troubles à qui elle devait ce martyre. Refusant de s'abandonner à la colère, elle serra les dents et ferma les yeux. Elle avait l'impression que ses abdominaux allaient exploser, mais il n'était pas question d'échouer, sous peine de s'exposer à une nouvelle facétie de Miss Speaks.

Cette dernière pesa de tout son poids, et Lauren se retrouva face contre terre. Lors du programme d'entraînement initial, les recrues apprenaient à endurer la douleur sans protester. Ils se répétaient jusqu'à l'écœurement les douze mots qui formaient la devise des recrues : *C'est dur, mais les agents de CHERUB sont encore plus durs.*

Une minute s'écoula avant que Miss Speaks ne relâche la pression et ne laisse Lauren achever son ultime pompe.

— Tu es déterminée, dit-elle tandis que son élève se redressait en titubant. Et tu en as dans le ventre.

Speaks, comme tous les instructeurs, était avare de compliments. Lauren se raidit, leva le menton et répondit à l'éloge par un grognement inintelligible. La chaleur lui faisait tourner la tête.

— Allez, bougez-vous ! hurla Speaks. Traversez ces poutres avant que mon pied n'entre en contact avec vos postérieurs.

Les agents se traînèrent jusqu'à l'obstacle suivant.

— Tu vas bien ? demanda Andy sur un ton coupable. Je suis désolé. Les pompes, ça n'a jamais été mon truc.

Lauren haussa les épaules.

— Ce n'est pas ta faute si la nature ne t'a pas gâté côté biceps.

Perchés sur leur plate-forme, James et Bruce ne les quittaient pas du regard. Lorsque Andy et Lauren s'engagèrent sur l'une des poutres, ils saisirent les poignées cousues aux sacs de frappe, puis ils ôtèrent la cale qui les maintenait en place.

— Je vise Lauren, dit James.

Cette dernière se serait volontiers accordé une pause pour reprendre son souffle, mais elle savait que Speaks sanctionnerait impitoyablement le moindre signe de nonchalance.

Lorsque Andy eut aligné trois pas sur l'étroit morceau de bois, Bruce poussa le sac de toutes ses forces dans sa direction. La plate-forme étant dissimulée par les feuillages, le garçon ne fut alerté du danger que par le grincement de la corde qui retenait la lourde masse de cuir à la plus haute branche d'un chêne. Il s'inclina vers l'arrière et parvint à l'éviter d'extrême justesse.

— Raté, gronda Bruce en se penchant pour rattraper le projectile, qui filait vers lui dans un ample mouvement de balancier.

En dépit des fréquents différends qui l'opposaient à sa sœur, James n'avait aucune intention de la précipiter dans l'étang. Il visa intentionnellement un point situé deux mètres derrière elle et lâcha son sac.

— James Adams, tonna Miss Speaks. Si je te reprends à lui faire une fleur, c'est toi qui sueras sang et eau sur ce parcours, dès demain matin.

La seconde attaque faucha Andy avant qu'il n'ait pu retrouver son assise.

— En plein dans le mille ! triompha Bruce.

Lauren plongea en avant et se réceptionna sur le matelas boueux placé à l'extrémité de l'obstacle. Andy, lui, plongea droit dans l'étang. Il y pataugea quelques secondes, puis rampa jusqu'à la berge. Au moment où il tentait de se mettre debout, il ressentit une douleur aiguë à la poitrine. Il lâcha un cri perçant.

Le fond de la pièce d'eau, d'une profondeur de plus de deux mètres, était tapissé de matelas en mousse censés prévenir toute blessure, mais les traits tordus d'Andy témoignaient de leur inefficacité. James et Bruce descendirent de la plate-forme grâce à une échelle de corde, puis traversèrent l'épais rideau d'orties afin de lui porter secours.

— Qu'est-ce que tu as à pleurnicher, Lagan ? demanda James.

— Je crois que je me suis cassé une côte. Ça fait un mal de chien…

Au même instant, Jake Parker et son ami Ewan bouclèrent leur troisième tour et atteignirent le sommet de la colline. Miss Speaks, le visage tourné vers l'étang, les laissa passer sans leur infliger l'épreuve à laquelle leurs prédécesseurs avaient dû se soumettre. Ils franchirent les poutres sans rencontrer de résistance.

En passant devant Lauren, Jake lui adressa un clin d'œil.

— C'est notre jour de chance, on dirait, se réjouit-il. Qu'est-ce qui est arrivé à ton petit copain ?

Lauren, ulcérée par ce comportement arrogant, vérifia que Miss Speaks ne regardait pas dans sa direction, saisit son oreille puis la tordit de toutes ses forces.

— Premièrement, ce n'est pas mon petit copain, cracha-t-elle. Deuxièmement, si tu t'étais comporté comme un individu civilisé ce matin, je serais en ce moment même en train de suivre un cours de dessin dans une salle climatisée. Alors efface ce sourire de ta sale petite face de rat, parce que je suis à deux doigts de te refaire le portrait.

Sur ces mots, elle lâcha prise. Jake détala puis, lorsqu'il se trouva à distance respectable, lança :

— Oh, tu me fais *tellement* peur.

Miss Speaks s'adressa à ses deux assistants.

— Il est vraiment amoché ? demanda-t-elle sur un ton suspicieux.

— On dirait bien, répondit Bruce.

Un troisième binôme se présenta devant les poutres.

Speaks secoua la tête et poussa un soupir digne d'une tragédienne.

— OK, James, accompagne ce minable à l'infirmerie. Mais je vérifierai auprès du docteur Kessler, Andy. Si tu simules, tu auras droit à une longue séance d'entraînement individuel. En comparaison, ce que tu viens de subir n'était pas plus désagréable qu'une garden-party à Buckingham Palace.

5. En cascade

Le bloc médical de CHERUB disposait de six chambres individuelles, mais Andy était étendu sur l'un des cinq lits de la salle d'urgences, en compagnie d'une résidente âgée de huit ans qui s'était brûlé la main en s'emparant hâtivement d'un moule à gâteau à la sortie du four.

Deux hommes en blouse blanche, au crâne dégarni et aux lunettes à monture argentée, firent irruption dans la pièce. Andy attendait le premier, le docteur Kessler, depuis près d'une heure. En revanche, il s'étonna de recevoir la visite du second, John Jones, contrôleur de mission.

Kessler travaillait pour CHERUB depuis plus de vingt ans, mais il ne s'était jamais débarrassé de son fort accent allemand.

— J'ai d'excellentes nouvelles, dit-il en soulevant la couverture d'Andy afin d'examiner son torse. Les radios montrent que tu ne souffres d'aucune fracture. Ceci étant dit, tu ne t'es pas raté, mon garçon. Essaye de soulever l'épaule gauche de l'oreiller, s'il te plaît.

Au prix d'un effort surhumain, Andy parvint à peine à la décoller de quelques centimètres.

Le docteur Kessler se tourna vers John Jones.

— Il s'est froissé un muscle, annonça-t-il. C'est sans doute la blessure que j'observe le plus souvent chez les agents à l'entraînement. Compte tenu de l'intensité de leurs activités, ils sont fréquemment sujets à de tels traumatismes.

— Mais je serai d'aplomb pour la mission de samedi, n'est-ce pas ? demanda Andy.

— J'ai reçu un SMS de Greg Rathbone il y a une heure et demie, expliqua John Jones. George Lydon doit rendre visite à sa tante samedi. La nuit PlayStation a été avancée à ce soir.

— La poisse, maugréa Andy.

— Pourquoi n'as-tu pas informé Zara que tu étais sur le point de partir en mission ? demanda John.

— Je ne voulais pas que les autres pensent que je me défilais. Ne me dites pas que je suis le seul sur le campus à savoir me servir d'AutoCAD…

John secoua la tête.

— Tu as reçu plus de vingt heures de formation. Personne ne t'arrive à la cheville.

— Faites-moi un bandage, et je me débrouillerai, annonça Andy. Je leur dirai que je me suis blessé en jouant au foot.

— Si tu le souhaites, je demanderai à Mrs Halstead de poser un strapping, dit Kessler, mais je te préviens, tu risques de souffrir le martyre. Nous pouvons pratiquer une injection analgésique intramusculaire, mais là aussi, il faudra serrer les dents, et la zone traitée restera engourdie, ce qui limitera tes mouvements.

— C'est à toi de choisir, Andy, conclut John Jones. Je ne veux pas te forcer la main. Si tu décides de te retirer de la mission, il ne te sera fait aucun reproche.

Le garçon secoua la tête avec détermination.

— Ça fait plus d'un mois que Rat essaie de pénétrer dans la maison de Kurt Lydon. On continue comme prévu.

Le docteur Kessler sortit un trousseau de clés de la poche de sa blouse et ouvrit le compartiment supérieur d'un chariot à tiroirs monté sur roulettes. John consulta une liasse de notes manuscrites.

— Le trajet jusqu'à Milton Keynes durera environ quatre-vingt-dix minutes, expliqua-t-il. Nous devrons nous mettre en route avant la sortie des classes. Je veux que tu étudies le briefing détaillé et les documents joints à l'ordre de mission. Si tu as des questions, c'est le moment ou jamais.

Andy jeta un œil aux papiers et haussa les épaules.

— J'ai déjà lu tout ça une vingtaine de fois.

— Je sais, mais je redoute toujours que mes agents n'oublient un élément important au dernier moment. Fais-moi plaisir. Consulte-le une dernière fois, d'accord ?

Le docteur Kessler ouvrit l'emballage stérile d'un kit d'injection.

— Ça fera effet pendant douze à seize heures, dit-il. Souviens-toi que ça n'effacera pas pour autant le traumatisme musculaire, alors évite de solliciter ton bras gauche.

Il nettoya l'épaule d'Andy à l'aide d'une boule de coton imbibée de stérilisant puis ôta le capuchon de la seringue, révélant une longue aiguille.

— Nom d'un chien ! s'étrangla Andy. Ça va faire aussi mal que ça en a l'air ?

— Non, ce sera dix fois pire, ricana le docteur Kessler. Respire à fond et ne bouge pas. Je n'en ai que pour quelques secondes.

Andy déposa les documents sur la table de nuit puis planta les ongles dans le matelas.

...

** CONFIDENTIEL **

ORDRE DE MISSION
DE GREG « RAT » RATHBONE ET ANDY LAGAN

CE DOCUMENT EST ÉQUIPÉ D'UN SYSTÈME ANTIVOL INVISIBLE. TOUTE TENTATIVE DE SORTIE HORS DU CENTRE DE CONTRÔLE ALERTERA IMMÉDIATEMENT L'ÉQUIPE DE SÉCURITÉ.

NE PAS PHOTOCOPIER — NE PAS PRENDRE DE NOTES

Informations préliminaires

Depuis 1945, de nombreux États ont tenté de se doter de l'arme nucléaire. À ce jour, huit nations possèdent un tel arsenal : les États-Unis, la Russie, le Royaume-Uni, la France, la Chine, l'Inde, le Pakistan, la Corée du Nord et Israël. D'autres puissances, comme le Japon et l'Allemagne, en maîtrisent la technologie mais ont choisi de ne pas l'exploiter.

La plupart des pays ayant manifesté leur volonté de posséder la force de dissuasion nucléaire ne sont pas assez riches pour mener à bien leur projet. D'autres, comme les pétro-États du Moyen-Orient, ne sont pas assez avancés en terme de recherche et d'industrialisation pour développer des armes atomiques.

Le réseau Soleil Noir

Au cours des soixante dernières années, plusieurs organisations criminelles ont entrepris d'infiltrer le marché de l'atome.

En 2004, une action concertée des services de renseignement français et britanniques a permis l'arrestation d'une femme soupçonnée d'avoir fait l'acquisition de plusieurs tonnes d'acier maraging. Ce matériau extrêmement résistant est principalement utilisé par l'industrie nucléaire. Sa production et son exportation sont sévèrement contrôlées.

Menacée d'une longue peine d'emprisonnement, la trafiquante a accepté de coopérer. Interrogée par les services français, elle a révélé l'existence d'un réseau nommé Soleil Noir dont les membres achetaient et revendaient des secrets industriels liés à la fabrication de bombes atomiques. Parmi leurs clients figuraient des gouvernements africains, asiatiques et moyen-orientaux.

La Cascade

La principale difficulté posée par la production d'une arme nucléaire consiste à transformer le minerai d'uranium. Avant d'être utilisable à des fins militaires, le matériau doit être chauffé jusqu'à transformation au stade gazeux puis injecté dans une chaîne composée de plusieurs milliers de centrifugeuses à très haute vitesse nommée cascade. Ce processus extrêmement complexe exige une consommation d'énergie considérable. En outre, tout dysfonctionnement peut entraîner la dispersion dans l'atmosphère de gaz radioactif mortel.

Kurt Lydon

Le réseau Soleil Noir propose à ses clients d'acquérir les technologies permettant la mise au point de centrifugeuses. Plusieurs modèles européens et chinois datant des années 1960 et 1970 sont facilement reproductibles, mais ni leurs performances, ni leur fiabilité ne sont comparables à celles des installations modernes.

En novembre 2006, Kurt Lydon faisait partie de l'équipe d'ingénieurs franco-anglais chargée de mettre au point une nouvelle cascade. Les plans avaient été achevés et les premiers essais réalisés avec succès, lorsque le gouvernement français a annulé la construction d'une usine d'enrichissement. Le projet sur lequel travaillait Lydon a été interrompu, et il a perdu son emploi.

En dépit des contrôles sévères dont font l'objet les employés de l'industrie nucléaire, Lydon est parvenu à dérober les plans sous forme numérique avant de quitter définitivement le centre de recherche. Son acte est resté inaperçu, mais les agents du MI5 ont identifié l'ingénieur lors d'une rencontre avec un haut responsable de Soleil Noir dans un restaurant de Bruxelles en février 2007.

Au cours des semaines suivantes, grâce aux écoutes téléphoniques et au dispositif de surveillance installé à son domicile, ils ont découvert que leur suspect avait l'intention de céder les plans de la cascade en échange de huit millions d'euros. Mais l'installation exigeait l'emploi de métaux et de moteurs sophistiqués sujets à des règles d'importation extrêmement strictes.

Malgré l'efficacité de ses filières clandestines, Soleil Noir s'est révélé incapable de se procurer les matériaux nécessaires à la construction des cinquante mille centrifugeuses de la cascade.

Déplorant de ne pouvoir céder ses plans, Lydon a proposé à ses interlocuteurs d'en modifier la conception afin d'autoriser l'emploi de composants plus courants.

Le plan

Lydon estimait que les modifications exigeraient entre huit et dix mois de travail. Les autorités du MI5 ont envisagé d'opérer un coup de filet sans plus attendre, mais elles ne sont pas parvenues à réunir des preuves incriminant les plus hauts responsables de Soleil Noir. En conséquence, elles ont décidé de laisser leur cible poursuivre ses travaux jusqu'à la phase de test. Cependant, craignant que sa cascade à moindre coût ne permette à des dizaines d'États de se doter de l'arme nucléaire, elles ont pris contact avec les anciens collègues de l'ingénieur.

Ces derniers ont désigné quatre cents pièces réalisées dans des alliages communs, autant d'éléments que Lydon n'aurait pas besoin de modifier, puis ont entrepris d'y apporter des changements susceptibles d'altérer leurs performances. Dans une centrifugeuse tournant à vingt-cinq mille tours minute, un déséquilibre d'un centième de gramme peut provoquer de graves dommages ; le choix d'une matière plastique inadéquate entraînera inévitablement une explosion et une fuite de gaz ; de la moindre petite imperfection dans l'usinage des machines résultera une surchauffe dévastatrice.

Questionnés au sujet des risques de projection de débris radioactifs par une centrifugeuse défectueuse, les experts ont assuré que la contamination ne s'étendrait pas au-delà de la zone de l'incident. Seuls les ingénieurs et les techniciens travaillant pour Soleil Noir seraient tués ou gravement blessés. Estimant que des millions de vies pourraient être menacées si un État ou un groupe terroriste entrait en possession d'un arsenal nucléaire, le MI5 a décidé de lancer l'opération.

Après avoir étudié les pièces sélectionnées, les scientifiques ont dressé une liste de cent quarante-trois modifications susceptibles d'entraîner la destruction de la cascade, d'infimes altérations impossibles à détecter dans les débris de la chaîne de production.

La définition des causes de la catastrophe, la refonte des pièces défectueuses et les tests de production prendraient des années, coûteraient des millions de dollars et saperaient durablement la crédibilité du réseau Soleil Noir.

L'opération

Kurt Lydon travaille actuellement sur sa nouvelle version de la cascade. Un agent devra s'introduire à son domicile, localiser sa station de travail assistée par ordinateur et programmer les cent quarante-trois modifications. Le MI5 estime que le système de sécurité pourra facilement être neutralisé, mais le réseau Soleil Noir exerce une surveillance de la maison, à Milton Keynes, vingt-quatre heures sur vingt-quatre.

Aucun adulte ne pourra accéder à la station de travail sans éveiller les soupçons. L'opération sera menée par deux agents de CHERUB qui se lieront aux enfants Lydon — George, treize ans et/ou Sophie, quinze ans —, entreront à leur domicile et procéderont aux manœuvres de sabotage.

6. Sages comme des images

—Vous êtes prêts, les garçons ? demanda John Jones, en engageant son 4x4 Nissan dans un carrefour à sens giratoire.

Andy et Greg étaient installés sur la banquette arrière.

—Prêts, dit ce dernier avant de se tourner vers Andy. Souviens-toi de ne pas m'appeler Rat.

—Compris, Rat, gloussa son camarade.

John emprunta une rue encadrée de pavillons modernes puis ralentit afin d'observer les numéros figurant sur les portails. Parvenu au niveau du vingt-deux, il remonta une allée privée et s'immobilisa derrière une Astra silver.

Les agents épaulèrent leurs sacs à dos et suivirent leur contrôleur de mission jusqu'au porche de la maison. Une femme élancée ouvrit la porte avant qu'ils n'aient eu le temps d'actionner la sonnette, puis George, vêtu d'un T-shirt et d'un caleçon Simpsons, se précipita à leur rencontre.

—Docteur Lydon, je suppose, sourit John avec un

accent australien composé. Merci d'accueillir mes garçons. S'ils vous posent le moindre problème, n'hésitez pas à me contacter.

— Vous pouvez m'appeler Susie, répondit la mère de George en serrant la main de son interlocuteur. Je suis certaine que tout se passera très bien.

Tandis que les adultes bavardaient sur le seuil de la villa, Greg et Andy se faufilèrent à l'intérieur, ôtèrent leurs chaussures et gravirent les marches menant à l'étage.

— Et tâchez de vous tenir correctement ! lança John.

— T'inquiète, papa, répondit Greg. À demain matin.

La demeure était confortable, mais la décoration plutôt sommaire, et une légère odeur d'urine de chat flottait dans l'atmosphère. La chambre de George n'était pas très grande, mais elle disposait d'un home cinéma équipé d'enceintes surround et d'un écran LCD quatre-vingt-quatorze centimètres fixé au mur. Zhang jouait à *Forza Motosport 2*, assis en tailleur sur le lit. Il était torse nu. Ses cuisses massives étaient gainées dans un short de l'équipe de Chelsea.

— Sympa, tes bleus sur les côtes, ricana Greg.

Zhang secoua la tête.

— Dommage que tu aies attendu que Johno me tabasse et me fasse un shampooing pour te la jouer *Karaté Kid*.

— Je n'avais jamais vu personne se faire plonger la tête dans les toilettes. Je croyais qu'il s'agissait d'une légende urbaine.

Greg se tourna vers Andy.

— Les gars, je vous présente mon cousin. Il est venu d'Écosse pour passer la première semaine des vacances avec moi.

Zhang pilotait une Dodge Challenger. Il franchit une chicane en mordant sur les vibreurs. Un grondement assourdissant jaillit des haut-parleurs.

— Cool, il y a quatre manettes, constata Andy.

— Ouais, confirma fièrement George. Vous connaissez *Virtua Tennis* ? On pourrait se faire un double.

— Je ne veux pas faire équipe avec Zhang, grommela Greg. Il est nul à ce jeu.

— Ta gueule, répliqua ce dernier. Je n'y avais jamais joué, la dernière fois, et je t'ai quand même emmené au tie-break au troisième set... AAARG, je déteste ce virage !

Sur l'écran, la Challenger traversa une portion de graviers puis s'encastra dans un mur de pneus. George éclata de rire.

— Merde ! hurla Zhang avant de jeter la manette sur le lit. J'étais deuxième. Je serais passé en tête à la prochaine ligne droite.

Plantée dans l'encadrement de la porte, Mrs Lydon s'éclaircit bruyamment la gorge pour attirer l'attention des garçons.

— Eh, on ne t'a jamais appris à frapper avant d'entrer ? protesta George.

— J'ai frappé, répliqua la femme, mais le volume des enceintes est tellement fort...

George se pencha pour tourner le bouton de l'ampli.

—Amusez-vous bien, les enfants, dit-elle. Personnellement, vu que j'ai travaillé seize heures d'affilée à l'hôpital, je prends une douche et je me mets au lit. Alors ne faites pas trop de bruit, d'accord ?

—D'accord, maman. On sera sages comme des images.

Mrs Lydon sourit.

—Il y a des chips dans le placard de la cuisine, de la glace Ben & Jerry's dans le congélateur et des burritos à réchauffer au micro-ondes, ceux que tu préfères. Bon, je vous laisse…

Dès que la femme eut quitté la pièce, Greg se tourna vers George.

—Ta mère va vraiment se coucher ?

—Ouais. Et vu que mon père assiste à un séminaire à Bruxelles et que Sophie sort avec ses copines, cette maison sera à nous dès qu'elle se trouvera dans sa chambre !

—Cool, dit Zhang.

Greg et Andy échangèrent un sourire discret : moins la villa compterait d'occupants, plus ils auraient de marge de manœuvre pour mener à bien leur mission.

—Passons aux choses sérieuses, dit Greg en sortant huit canettes de bière de son sac à dos.

George les considéra avec un mélange de terreur et d'excitation.

—Si ma mère voit ça…

Zhang leva les yeux au ciel.

—Tu ne vas quand même pas te dégonfler, Georgie ? Deux bières par personne, ça ne va pas nous tuer.

— Quatre, corrigea Andy. Il y en a huit autres dans mon sac.

— Je ne te connais que depuis dix minutes, dit Zhang, mais je sens qu'on va drôlement bien s'entendre, toi et moi.

— Sans doute, mais on devra attendre que ma mère soit couchée, avertit George. Et vous devrez emporter les canettes vides, parce que si elle les trouve, elle m'étranglera.

— On va se mettre minables, on va se mettre minables ! scanda Zhang.

— Où sont les toilettes ? demanda Andy.

George fit un pas dans le couloir.

— Deuxième à droite, dit-il.

À cet instant précis, Sophie franchit la porte de sa chambre. Elle portait une robe noire ultracourte et des chaussures à talons aiguilles.

— Regardez ça, les mecs, ricana George. L'allumeuse se prépare pour partir à la chasse.

Sophie lui adressa un bras d'honneur.

— Et vous, qu'est-ce que vous avez prévu pour la soirée ? Laissez-moi deviner… X-box et DVD de *Battlestar Galactica* ! Vous faites une belle brochette de losers.

— Eh bien, je préfère ça à passer deux heures au cinéma avec la langue de Chav Daniel fourrée dans ma bouche.

Sophie jeta à son frère un regard méprisant, se dirigea vers la salle de bains et trouva la porte verrouillée.

— Andy est à l'intérieur.

— Sors de là, sale geek ! gronda-t-elle.

— Tu n'as qu'à utiliser celle du rez-de-chaussée, suggéra George.

— Impossible, minus. Maman est sous la douche.

Andy éprouvait un sentiment étrange. Il se trouvait dans une demeure inconnue, en compagnie d'étrangers qui n'hésitaient pas à s'écharper en sa présence. Il se lava les mains à la hâte et regagna le couloir.

— Excuse-moi, murmura-t-il à l'adresse de Sophie en quittant la salle de bains.

— Dégage de mon chemin, tonna la jeune fille avant de s'y enfermer.

— Je suis désolé, mon pote, soupira George en regagnant sa chambre.

— La bave du crapaud… répondit Andy en haussant les épaules.

— Attends, je connais un moyen de lui apprendre la politesse, lança son camarade avant de disparaître dans la chambre de sa sœur.

Il en sortit quelques secondes plus tard en brandissant un lapin en peluche aux oreilles affaissées qu'il plongea tête la première dans son caleçon.

— Oh, le petit pervers ! s'exclama-t-il devant ses camarades hilares.

Il frappa à la porte de la salle de bains.

— Sophie, dit-il d'une voix très douce. Sors, monsieur Lapin a de gros ennuis !

Cette dernière débula dans le couloir comme une furie.

—Combien de fois t'ai-je demandé de ne pas… grogna-t-elle, avant de s'interrompre dans un hoquet.

Les yeux exorbités, elle considéra les pattes de l'animal en peluche qui dépassaient du sous-vêtement de son frère.

—Espèce de sale petite ordure ! Tu vas te prendre une de ces trempes !

George se mit à courir, mais Sophie parvint à enrouler un bras autour de sa taille puis le gifla à toute volée.

—Ouille… lâcha Zhang. Ça doit faire mal.

Sophie extirpa le lapin du caleçon de George et lui porta un ultime soufflet à l'arrière du crâne.

—Je t'interdis d'entrer dans ma chambre. Et ne touche plus *jamais* à mes affaires, sale nerd !

—Attends de voir quel sort je leur réserve, à tes foutues affaires, dès que tu auras quitté la maison, dit George, imperturbable, malgré les marques écarlates qui zébraient son visage. Monsieur Lapin a rendez-vous avec mon Opinel.

Sophie le plaqua contre le mur avec un genou puis se pencha pour saisir ses chevilles. Andy, Greg et Zhang surprirent un éclair de panique dans le regard de leur ami.

—Sophie, excuse-moi, gémit ce dernier. Je ne le ferai plus, c'est promis.

Il se cramponna désespérément au cadre de la porte, mais sa sœur était beaucoup plus forte. Elle tira fermement sur ses jambes pour le forcer à lâcher prise puis le traîna à vive allure jusqu'à l'extrémité du couloir tapissé de moquette synthétique.

— Nooon ! hurlait-il, désespéré. Mamaaan !

Greg, Zhang et Andy observaient la scène avec consternation. Le visage tordu par la douleur, George s'assit péniblement. En dépit de son dos brûlé, il s'efforça de garder une contenance, de crainte de passer pour une mauviette devant ses camarades.

— Je t'interdis d'entrer dans ma chambre, minable, gronda Sophie.

— Espèce de salope, répliqua George.

Une porte claqua au rez-de-chaussée. Mrs Lydon, vêtue d'une chemise de nuit assortie à ses chaussons, gravit l'escalier quatre à quatre.

— Arrêtez immédiatement ce cinéma ! hurla-t-elle. Vous commencez à me sortir par les yeux, vous deux. Vous avez treize et quinze ans, mais vous vous comportez comme des gosses de maternelle ! Sophie, regarde un peu ce que tu lui as fait !

— Oh, je vois, ricana la jeune fille. Tu prends sa défense, comme d'habitude. Il a fourré Monsieur Lapin dans son froc dégueulasse. Je veux juste qu'il arrête de toucher à mes affaires.

— Moi, ce que je voudrais, c'est que tu chopes une maladie mortelle, lâcha son petit frère en s'agrippant à la rampe pour se redresser.

Sophie lui tira la langue.

— Loser, cracha-t-elle.

— Combien de fois t'ai-je demandé de ne pas entrer dans sa chambre, George ? explosa Mrs Lydon.

— Je ne peux pas lui faire confiance, ajouta Sophie. Je

suis certaine qu'à mon retour, je trouverai des croûtes de pizza dans mon lit, ou quelque chose comme ça.

— Toi, la ferme ! hurla sa mère. Ton père n'a pas posé un verrou sur ta porte pour rien. Pourquoi ne l'as-tu pas fermée à clé ?

— Je ne la trouve plus.

— Comme d'habitude. Maintenant, quitte cette maison avant que je ne perde définitivement patience.

Lorsque Sophie eut descendu les marches, Mrs Lydon débouls dans sa chambre. En moins de trois secondes, elle exhuma la clé prétendument égarée d'un fatras de produits de beauté et de fiches de révision.

— Et voilà, lança-t-elle avant de verrouiller la porte puis de rejoindre les garçons dans la chambre de George. Amusez-vous bien. Je sais que vous êtes en vacances, mais moi, je travaille demain. Si vous me réveillez, je vous garantis que ça bardera pour votre matricule.

7. Coup de fatigue

George referma doucement la porte de la chambre de sa mère. La tête lui tournait un peu. Malgré l'heure tardive, il régnait toujours une chaleur infernale.

— Elle pionce, annonça-t-il en retrouvant ses amis.

La pièce empestait la pizza, la bière et la sueur. Le sol était jonché d'assiettes sales. Zhang avait parfait ce désastre en laissant tomber accidentellement une part entière sur le lit de George et en collant une tranche de pain à l'ail au plafond.

— Encore un petit coup ? interrogea Greg en sortant une canette de son sac à dos.

— Avec plaisir, gloussa Zhang.

Greg vérifia discrètement que le morceau d'adhésif bleu était bien en place au fond du récipient avant de le remettre à son camarade. La moitié des canettes était passée entre les mains des services techniques de CHERUB.

Seules celles destinées à George et à Zhang avaient été marquées. Elles contenaient un mélange de bière et de sédatif. Les autres étaient remplies de bière sans alcool. Selon le plan établi par John Jones, les deux garçons perdraient rapidement connaissance, tandis que Greg et Andy, libres d'agir à leur guise, conserveraient toute leur lucidité.

— Eh, regardez ça, les mecs ! glapit George en se penchant par la fenêtre ouverte.

Alors, au grand effroi des agents, il bascula dans le vide. Ils étaient censés contrôler son degré d'ivresse. Cet incident était de nature à faire avorter la mission.

Mais George atterrit dans une haie, lança une exclamation triomphale puis partit d'un rire dément.

— J'ai toujours rêvé de faire ça, dit-il avant de s'affaler sur la pelouse en se tenant les côtes.

Greg considéra la profondeur du buisson ornemental et réalisa que la cascade que venait d'accomplir son camarade depuis le premier étage ne comportait pas le moindre risque.

— Allez, sautez, bande de trouillards ! hurla George. C'est complètement génial !

Aussitôt, Greg plongea tête la première dans la haie. L'exercice n'avait rien de douloureux, mais il eut toutes les peines du monde à s'extirper des branchages. N'ayant consommé que de la bière sans alcool, il se sentit obligé de feindre l'ivresse en poussant un hurlement dément puis en titubant sur le gazon.

Zhang semblait moins confiant. Il se hissa timidement sur l'allège de la fenêtre.

— Allez, gros lard, saute ! lança George.

Lorsque Zhang s'écrasa dans le buisson, un craquement sinistre retentit. Son poids l'ayant emporté bien plus profondément que ses amis, il avait brisé net la longue tige de bois horizontale qui assurait la fermeté de la haie.

— AAAARGH ! hurla-t-il en se débattant, jambes en l'air, parmi les branchages affaissés.

Constatant qu'il n'était pas blessé, Greg, hilare, l'aida à se redresser. George considéra avec horreur l'état de la haie.

— Ma mère va me tuer, s'étrangla-t-il.

Greg ramassa quelques branches cassées et les jeta pêle-mêle dans le trou qui séparait deux portions intactes de buisson.

— Et voilà, elle est comme neuve, gloussa-t-il.

— Ce n'est pas drôle ! tempêta George en se baissant pour ramasser les feuilles éparpillées sur le gazon.

Le faisceau d'une lampe de poche balaya la clôture depuis le jardin voisin.

— Mais qu'est-ce qui se passe, ici ? demanda une vieille dame.

— Bon sang, c'est Miss Hampstead, gémit George avant de battre en retraite vers la maison et d'actionner la poignée de la porte. Merde ! C'est fermé !

— Rentre chez toi, vieille chouette ! lança Zhang.

— Ferme-la, chuchota son ami. C'est la marraine de Sophie. Elle fait pratiquement partie de la famille.

Il leva les yeux vers Andy, qui se tenait toujours à la fenêtre.

— Descends nous ouvrir, vite !

Lorsque les trois garçons purent enfin s'engouffrer dans le vestibule, George considéra l'escalier avec inquiétude, craignant d'y voir apparaître sa mère.

Tandis qu'ils gravissaient les marches à pas de loup, Zhang posa une main sur sa bouche et lâcha un énorme bâillement.

— Bon Dieu, je me sens claqué, tout à coup, dit-il avant de s'effondrer sur le lit.

— Tu m'étonnes, confirma George. Et la bière m'a fichu une de ces migraines...

— Petites natures, pas foutues de tenir l'alcool, ricana Greg en consultant sa montre.

Vingt-deux heures quinze. George et Zhang avaient absorbé leur première gorgée de sédatif quatre-vingt-dix minutes plus tôt. Tout se déroulait comme prévu.

— On n'a même pas eu le temps de jouer à *Virtua Tennis*, fit observer Andy, tandis que George se laissait tomber dans un pouf. Ça vous dit ?

Zhang avait fermé les yeux.

— Commencez sans moi. Je me repose quelques minutes.

Greg glissa le disque dans la X-box puis saisit l'une des manettes sans fil. Les deux agents entamèrent une partie. Andy remporta le premier set au tie-break, mais se garda bien de célébrer bruyamment sa victoire.

Il se pencha au-dessus du lit et pinça la joue de Zhang. Greg se leva et secoua légèrement l'épaule de George.

— Ils dorment comme des bébés. Déballe le matériel.

Andy fit glisser la fermeture Éclair d'une poche latérale de son sac à dos et en sortit une trousse en plastique. Elle ne contenait pas des feutres, mais douze seringues parfaitement identiques remplies d'un sédatif à action rapide. Le somnifère mélangé à la bière ne produisait d'effet que pendant deux heures, et il était impossible de connaître avec précision la dose que George et Zhang avaient absorbée. Seule une injection d'un mélange plus puissant pouvait garantir qu'ils ne se réveilleraient pas pendant l'opération.

La plus petite piqûre étant susceptible de laisser des marques, il convenait de la pratiquer à un endroit difficile à observer.

— C'est parti, sourit Andy.

Greg roula Zhang sur le ventre puis baissa son caleçon.

— Beurk, lâcha-t-il. On fait vraiment un drôle de boulot…

Andy appliqua un coton imbibé de lotion antiseptique sur la fesse droite du garçon, planta l'aiguille dans le pli situé au-dessus de la cuisse puis injecta une quantité de sédatif garantissant six heures de sommeil profond. Greg remonta le caleçon de Zhang et le repositionna sur le dos.

Ils allongèrent George sur la moquette et lui infligèrent un traitement identique. Après avoir installé un oreiller sous sa tête, Greg se tourna vers Andy.

— Et de deux, dit-il. Plus qu'une.

— Mais c'est là que ça se corse, répliqua Andy en sortant un cylindre vert et un masque à gaz de son sac.

Il se dirigea vers le couloir.

Le docteur Lydon dormait sans doute à poings fermés, mais elle n'avait pas reçu le premier sédatif, et il était impossible de lui planter une aiguille dans les fesses sans la réveiller en sursaut. Avant toute chose, les agents devaient la neutraliser à l'aide d'un puissant gaz soporifique.

Greg ouvrit la porte centimètre par centimètre, puis il pénétra dans la chambre obscure. Il redoutait que les gonds n'émettent un grincement et que sa cible ne se dresse brusquement dans son lit. En pareil cas, il prétendrait s'être trompé en cherchant les toilettes. Par chance, la jeune femme, éreintée par seize heures de travail ininterrompu aux urgences de l'hôpital, était plongée dans un profond sommeil.

— C'est bon, tu peux y aller, chuchota Greg en rejoignant son coéquipier dans le couloir.

Andy serra les sangles de son masque à gaz et se glissa à l'intérieur de la pièce, le cylindre pressurisé brandi à bout de bras. Il pointa la buse vers le plafond et enfonça le bouton pressoir pour relâcher un fin brouillard blanchâtre. Sa mission accomplie, il quitta la chambre et referma la porte avec un luxe de précautions.

— Attendons cinq minutes que le gaz produise son effet, dit Greg en consultant sa montre.

Son camarade rangea le masque et le cylindre dans son sac à dos, puis les deux agents patientèrent accroupis dans le couloir, sans prononcer un mot.

Enfin, Andy déboula bruyamment dans la chambre et alluma la lampe de la table de chevet. C'était une stratégie délibérée : si le gaz n'avait pas fait son œuvre, Mrs Lydon le chasserait sans ménagement, sans soupçonner une seconde avoir affaire à un professionnel des services de renseignement britanniques.

Il se jeta sur le matelas et effectua quelques sauts pour s'assurer que sa cible était hors d'état de nuire.

— Passe-moi une seringue, dit-il en écartant la couette.

Les garçons contemplèrent avec une crainte respectueuse le corps de la femme. Ils avaient tous deux suivi l'entraînement intensif de CHERUB et étaient capables d'accomplir des prodiges, mais la vision de la mère de leurs camarades nue, inerte et vulnérable leur donnait le vertige.

— Ça fait drôle, confessa Greg en tournant Mrs Lydon sur le ventre.

— C'est le moment ou jamais de prendre des photos, sourit son camarade.

— Sois sérieux, gloussa son coéquipier en appliquant un coton sur la peau de la femme.

Andy pratiqua l'injection en haut de la cuisse. Greg remit la couette en place avant de suivre son complice dans le couloir. Ce dernier composa le numéro de son contrôleur de mission sur son téléphone portable.

— Première étape accomplie, annonça-t-il. Tous les occupants de la maison sont dans le cirage. On se dirige vers l'atelier de Kurt Lydon.

8. Sabotage

Greg crocheta aisément la serrure à l'aide de son pistolet à aiguilles. Le laboratoire occupait deux chambres dont la cloison de séparation avait été abattue afin de ménager l'espace nécessaire à l'installation des trois cent mille livres de matériel investies par Kurt Lydon.

Deux puissantes stations de travail Dell étaient reliées par une forêt de câbles à une immense imprimante à jet d'encre conçue pour l'édition de plans industriels. D'épais ouvrages aux titres obscurs — *Thermodynamique moléculaire*, *Modèles mathématiques des turbulences hydrodynamiques* — étaient alignés sur des rayonnages. Deux écrans ultra haute résolution de trente pouces, dont le prix s'élevait à plus de dix mille livres l'unité, trônaient au centre de la pièce. Outre le clavier standard qui pilotait l'installation, la console disposait d'un contrôleur spaceball permettant le traitement des images en trois dimensions.

Andy, qui avait passé des heures à s'entraîner sur un système similaire, prit place dans le fauteuil surélevé de

Lydon. Il enfonça la barre d'espace et constata que la station de travail était en mode suspension d'activité. Un mot de passe apparut à l'écran.

Greg, qui avait inspecté le laboratoire lors d'une visite après les cours deux semaines plus tôt, avait installé un enregistreur de frappe miniaturisé entre le clavier et le port USB situé sur le panneau arrière de l'unité principale.

Ce dispositif avait mémorisé tous les mots et les chiffres pianotés par Lydon. Lorsque les agents le remettraient aux scientifiques du MI5, ils en tireraient une foule d'informations capitales sur les activités du suspect, mais pour l'heure, ils n'avaient besoin que du mot de passe permettant d'accéder à la station de travail.

Greg sortit un minuscule ordinateur portable de son sac, y brancha l'enregistreur de frappe puis s'assit sur la moquette en attendant que le système démarre.

— On n'a pas toute la nuit, grommela Andy.

— C'est bon, calme-toi. Ces petites bécanes sont un peu lentes à l'allumage, et je n'y peux strictement rien.

Andy détestait attendre. Lors des missions, seule l'action lui permettait de dominer son stress. Il était d'un caractère nerveux, et ces pauses lui laissaient le temps de considérer froidement la situation et d'imaginer d'innombrables impondérables susceptibles de ruiner l'opération en cours.

— C'est bon, annonça Greg. Dernière session ouverte vendredi dernier. En majuscules, A, R, puis, en minuscules, les lettres *i s t o t l e* suivies d'un dièse, d'un signe pourcentage et des chiffres cinq, trois, un et huit.

Andy composa le mot de passe et la fenêtre disparut, laissant apparaître le bureau et la barre des tâches de Windows.

—Celui-là, on ne risquait pas de le deviner, soupira-t-il.

L'immense écran était calibré pour le travail en haute définition, si bien que les dizaines d'icônes semblaient minuscules. Greg posa son ordinateur portable sur la moquette puis confia à son coéquipier un classeur et un CD-rom.

Andy introduisit le disque dans le lecteur. Une boîte de dialogue apparut. Il cliqua sur OK pour installer le logiciel conçu par les techniciens du MI5 nommé *Windows Breaker*. Il servait à figer le temps, afin que les modifications apportées aux fichiers ne soient pas signalées. En outre, il ouvrait une brèche dans le système qui permettait de contourner la plupart des protocoles de sécurité.

Le deuxième programme figurant sur le CD était un virus informatique de type cheval de Troie permettant au MI5 d'accéder au PC de Kurt Lydon, d'en exploiter les données à distance et d'enregistrer toutes ses activités. Dès qu'il fut installé, le logiciel antivirus ouvrit une fenêtre d'alerte. Sans s'affoler, Andy lança le troisième programme, un patch destiné à « aveugler » le système de protection.

—OK, les applications sont en place, sourit-il. Tu peux partir à la recherche des disques.

Andy avait prévu de passer les trois heures suivantes

à modifier la conception des centrifugeuses de Lydon afin de les rendre inopérantes. Greg était chargé de perquisitionner le laboratoire et la maison, de mettre la main sur les disques de sauvegarde et d'en remplacer les données par des fichiers subtilement remaniés.

Mais le MI5 restait confronté à deux casse-tête insolubles. D'une part, si Kurt, pour une raison ou une autre, mettait le nez dans ses sauvegardes, il réaliserait la supercherie. D'autre part, il était impossible de savoir s'il n'avait pas dissimulé de nombreuses copies sous les lattes du plancher, au domicile d'un ami ou dans un coffre-fort de la banque la plus proche.

Sur ces deux points, il n'y avait qu'à croiser les doigts, ne pas perdre Lydon de vue et procéder à son arrestation au moment opportun, avant qu'il ne soupçonne quoi que ce soit.

—Souviens-toi, dit Andy. C'est un fichier de vingt gigas. Il ne peut pas se trouver sur une clé USB ou un DVD. On cherche des disques durs.

—Je sais, grogna Greg, agacé par la remarque de son partenaire. Moi aussi, j'ai lu l'ordre de mission. Je vais commencer par inspecter le contenu des serveurs.

Andy lança le logiciel AutoCAD et double-cliqua sur le fichier contenant les plans de la centrifugeuse. Il dut patienter près de deux minutes avant que le modèle 3D, composé d'environ trois mille éléments, apparaisse à l'écran.

Dès qu'il fut convaincu d'avoir ouvert le bon document, il brancha un disque dur externe dans le port USB et réalisa une copie afin de permettre au MI5 d'évaluer l'avancée des travaux de Lydon.

Pendant ce temps, Greg remplaça le fichier figurant sur l'ordinateur de secours puis inspecta les étagères et les tiroirs à la recherche des sauvegardes.

Andy devait à présent programmer les modifications listées par les scientifiques qui avaient contribué à la préparation de la mission. Cent quarante-trois pièces devaient être sabotées, et chacune d'elles exigeait une dizaine de manipulations.

L'un des anciens collègues de Lydon avait rédigé un manuel à l'intention de l'équipe de CHERUB. Ces instructions détaillées étaient accompagnées de captures d'écran et de plans décrivant l'arborescence complexe des menus d'AutoCAD. C'était un travail délicat : une virgule placée au mauvais endroit pouvait rendre les altérations facilement observables, éveiller les soupçons de Lydon et ruiner toute l'opération.

Andy posa une main sur le spaceball, l'autre sur le large repose-mains du clavier.

— Concentration... murmura-t-il.

Il ouvrit le classeur et en lut le premier paragraphe : *altération n° 1, localiser la pièce 17.* À l'aide du contrôleur, Andy naviga avec expertise, repéra la pièce grâce à la fonction *rechercher*, actionna le zoom puis changea d'option de visualisation afin d'isoler la pièce en mode fil de fer.

Sélectionner le quatrième et le sixième cran. Modifier les propriétés du filetage de 1/16 de mm à 1/18 de mm. Faire pivoter la pièce de 0,07° selon l'axe Y.

C'était une tâche assommante. Greg, qui fouillait bruyamment dans une armoire métallique en fredonnant un air idiot, n'arrangeait rien à l'affaire.

— Tu ne peux pas la fermer ? gronda Andy.

Greg n'appréciait pas le ton de cette remarque, mais il était conscient de la difficulté du travail que son coéquipier était en train d'accomplir.

— Excuse-moi, dit-il. J'ai presque fait le tour du labo, de toute façon. Je te laisserai tranquille dans une minute.

Depuis deux heures, Andy n'avait pas quitté l'écran des yeux. Greg avala une gorgée de Pepsi puis fourra une poignée de M&M's dans sa bouche. Il avait inspecté le PC familial des Lydon et l'ordinateur de George, mais n'avait déniché qu'un disque dur contenant les plans originaux de la centrifugeuse, rangé sur le placard de la cuisine.

Pour faciliter le travail d'Andy, il lisait à haute voix les indications figurant dans le classeur. L'opération se déroulait conformément au timing prévu dans l'ordre de mission, mais elle exigeait une concentration absolue, et les agents, qui n'étaient pas habitués à demeurer éveillés aussi tard, commençaient à montrer quelques signes de fatigue.

— Altération n° 100, annonça triomphalement Greg,

tout content d'en arriver à un nombre à trois chiffres. Ouvre le sous-modèle de l'unité motrice G et modifie les caractéristiques de l'isolant de…

À cet instant, son téléphone portable vibra dans sa poche, interrompant ses explications. Il jeta un œil à l'écran et découvrit le nom de son contrôleur de mission.

— Comment ça se passe ? demanda John Jones.

— Pas trop mal. On dirait que Kurt est un peu négligent sur les sauvegardes. On devrait avoir terminé dans une heure, si tout se passe bien.

— Justement, il y a un os. La cellule opérationnelle du campus surveille les déplacements de Sophie par triangulation de son mobile. Apparemment, elle est montée à bord d'un taxi, et vous devriez la voir débarquer dans six à huit minutes.

Greg jeta un œil au cadran de sa montre.

— Il n'est qu'une heure et demie. Tu n'avais pas dit que la discothèque restait ouverte jusqu'à trois heures ?

— Si, mais rien ne les oblige à respecter ces horaires en cas de faible affluence. Ne vous découragez pas. Vous disposez de tout le matériel nécessaire, et nous avons longuement envisagé ce cas de figure. Attendez que Sophie aille se coucher, puis utilisez le gaz et la seringue, comme pour sa mère.

— Je connais le plan, s'agaça Greg avant de taper sur l'épaule de son coéquipier. Mec, il faut qu'on lève le camp. Sophie est en avance.

— Elle nous aura vraiment gonflés jusqu'au bout, celle-là, grommela Andy.

Les garçons rassemblèrent leurs affaires, rejoignirent la chambre de George et éteignirent la lumière. Ils étalèrent leurs sacs de couchage sur la moquette puis s'y glissèrent tout habillés.

Malgré l'anxiété qui les rongeait, ils s'amusèrent des ronflements de Zhang.

Dix minutes s'écoulèrent avant qu'ils n'entendent la clé de Sophie tourner dans la serrure de la porte d'entrée. Elle fit halte dans la salle de bains du rez-de-chaussée, puis gravit l'escalier d'un pas maladroit, une bouteille d'eau gazeuse dans une main, ses chaussures à talons aiguilles dans l'autre.

Andy jeta un œil dans le couloir et devina que la jeune fille avait bu plus que de raison. Elle balançait mollement la tête en sifflotant un air à la mode.

Contre toute attente, elle se planta à l'entrée de la chambre de son frère et actionna l'interrupteur du plafonnier. Greg et Andy fermèrent les yeux.

—Aaah, balbutia-t-elle, les petits cons sont endormis.

Alors, elle remarqua une canette abandonnée près du sachet de M&M's d'Andy.

—Oh, maman serait très fâchée si elle découvrait ça, gloussa-t-elle.

Elle fit un pas en avant, soupesa le récipient puis, découvrant qu'il était encore à moitié plein, bascula la tête en arrière pour en avaler une gorgée.

Andy et Greg ignoraient si la canette contenait un mélange de bière et de sédatif, mais ce détail n'avait guère d'importance. Ils devaient poursuivre l'opération de sabotage, et ne pouvaient se permettre d'attendre que leur cible s'assoupisse.

Écœurée par le liquide tiède et éventé, Sophie hoqueta de dégoût. Greg souleva discrètement une paupière et observa la jeune fille.

—Tu vas voir ce qu'il en coûte de s'en prendre à Monsieur Lapin, Georgie, gloussa-t-elle.

Le visage éclairé d'un sourire maléfique, elle vida le sachet de M&M's sur la moquette puis les écrasa consciencieusement du talon. Enfin, elle déversa le contenu de la canette sur la bouillie multicolore.

—Essaye un peu d'expliquer ça à maman, demain matin, grinça-t-elle.

Elle esquissa un pas de danse triomphal, tituba jusqu'au couloir… et tourna vainement la poignée de sa chambre.

Elle était verrouillée.

Greg et Andy mesurèrent aussitôt la gravité de la situation. Mrs Lydon avait conservé la clé. Sophie n'avait qu'un moyen de pénétrer dans sa chambre : aller trouver sa mère. Lorsqu'elle découvrirait qu'il était impossible de la réveiller, qu'elle se trouvait dans un état de coma apparent, elle céderait à la panique, se mettrait à hurler, alerterait tout le voisinage et contacterait immédiatement les services d'urgence.

9. Self-défense

Il y avait gros à perdre : l'occasion d'arrêter un scientifique corrompu et de récupérer les plans d'une centrifugeuse dont la fabrication avait exigé des millions d'investissement, une chance de décapiter le réseau Soleil Noir et l'opportunité d'empêcher une organisation terroriste ou une dictature sanguinaire de se doter du feu nucléaire.

Comme tous les agents de CHERUB, Greg et Andy avaient appris à travailler sous pression, mais cette situation-là semblait hors de contrôle. Sophie titubait vers la chambre de sa mère. Leur esprit était vide, en proie à la plus extrême panique, incapable de former le moindre plan d'action.

— Je ne sais pas quoi faire... murmura Greg à l'adresse d'Andy. Je vais essayer de gagner du temps et tu tâcheras de trouver une solution !

Il rejoignit la jeune fille dans le couloir.

— Eh, Sophie ! Comment ça va ?

Elle posa les mains sur les hanches et considéra Greg

comme s'il s'agissait d'un chewing-gum collé sous sa chaussure.

— Retourne te coucher, crétin.

— J'ai vu ce que tu as fait avec les M&M's.

Sophie haussa les épaules.

— Ma mère ne te croira jamais.

— Ça, ça reste à voir.

Puis, ne sachant quoi ajouter, il prononça les premiers mots qui lui passaient par la tête.

— J'oublierai tout si tu me roules une pelle.

Sophie leva les yeux au ciel.

— Même pas dans tes rêves, sale pervers.

— Allez, quoi, insista Greg en posant une main sur son épaule. Juste un baiser, avec la langue et tout.

À cette seule pensée, la jeune fille frissonna de la tête aux pieds avant de le repousser violemment.

— Si tu me touches encore une fois, je t'envoie mon genou où je pense.

Andy, feignant la somnolence, s'était glissé dans le couloir puis s'était traîné jusqu'à la porte de la chambre de Sophie. Il lui tournait le dos afin de dissimuler le pistolet à aiguilles avec lequel il tentait discrètement de crocheter la serrure.

Malgré ses grands airs, Sophie semblait effrayée par le comportement de Greg : il n'avait que treize ans, mais il était presque aussi grand qu'elle, étonnamment musclé pour son âge, et avait, à ce qu'on disait, massacré deux élèves de seconde. Elle recula jusqu'à la console placée près de la cage d'escalier.

Conscient du malaise qu'elle éprouvait, Greg fit un pas en arrière.

— C'est bon, je déconnais, dit-il. Je n'ai pas l'intention de te faire du mal.

Andy jeta son pistolet à aiguilles dans la chambre de George puis poussa la porte de Sophie.

— Tada ! s'exclama-t-il.

— Super, ajouta Greg. Comme ça, tu n'auras pas besoin de réveiller ta mère.

Mais l'alcool qu'avait consommé Sophie avait aiguisé sa paranoïa. Tout lui semblait inquiétant, de la tentative de chantage de Greg à son brutal changement d'attitude. Au moment où son adversaire se tournait vers son camarade, elle saisit le vase posé sur la console et lui en donna un violent coup sur le crâne. L'objet lui échappa des mains et se brisa sur la rampe de l'escalier.

Elle poussa un hurlement inarticulé puis lui porta un coup de pied à l'entrejambe.

Deux années d'entraînement intensif au combat à mains nues n'avaient pas préparé Greg à cette attaque-surprise. Il se plia en deux et lâcha un mugissement de douleur.

Sophie se rua vers Andy.

— Passe-moi la clé ! rugit-elle. Je te préviens que si vous avez touché à quoi que ce soit dans ma chambre…

— Mais il n'y a pas de clé, expliqua Andy. Je sais comment crocheter les serrures, voilà tout.

— Tu racontes n'importe quoi pour te faire mousser !

La manière expéditive dont elle avait mis Greg hors d'état de nuire lui avait redonné confiance.

— Passe-moi cette putain de clé, répéta-t-elle avant de tenter de frapper Andy.

Mais son adversaire avait vu le coup venir. Il esquiva habilement l'attaque. Le genou de Sophie s'écrasa dans le mur avec une telle violence que l'enduit se fissura sur une dizaine de centimètres. Andy balaya sa jambe valide, la précipitant sur le sol, puis recula de quelques mètres pour lui signifier qu'il ne comptait pas poursuivre le combat.

— J'essayais juste de t'aider, dit-il. Tu ferais mieux d'aller te coucher, je t'assure.

Mais Sophie ne l'entendait pas de cette oreille. Elle le saisit par la taille, bien décidée à le déséquilibrer et à poursuivre le pugilat sur la moquette. La jeune fille était beaucoup plus lourde que son adversaire, mais ses compétences en matière de karaté se limitaient à quelques leçons de self-défense. Andy parvint sans effort à lui faire lâcher prise et à immobiliser ses bras.

— Calme-toi, je t'en prie. Tu es soûle. Mets-toi au lit. Ça ira mieux demain, je te le promets.

— Je veux ma clé ! cria-t-elle. Vous n'avez pas le droit d'entrer dans ma chambre !

Greg se releva péniblement, puis, au mépris de la douleur causée par le coup reçu au bas-ventre, se précipita dans la chambre de George. Il fouilla dans les poches extérieures du sac de son coéquipier et y trouva la réserve de seringues.

Dans le couloir, Sophie crachait et se tortillait comme une furie.

— Lâche-moi, espèce de salaud !

— D'accord. Dès que tu seras calmée, répliqua Andy. Toute cette histoire part d'un malentendu. Je n'ai pas ta clé, je le jure.

Greg s'accroupit derrière son ami, hors du champ de vision de Sophie, plaça la seringue entre ses dents, saisit l'un de ses pieds nus et le posa à plat sur le sol.

— Je vous tuerai tous les deux ! vociféra la jeune fille, désormais au bord des larmes. Laissez-moi tranquille…

Aux yeux d'Andy, son état était inquiétant, mais il ne pouvait pas se permettre de la relâcher, sous peine d'essuyer une nouvelle attaque.

Greg enfonça la seringue entre les orteils de Sophie. Elle ressentit une légère douleur, mais n'en connut jamais la cause.

Le sédatif commença à faire effet au bout d'une trentaine de secondes. Les membres privés de toute énergie, elle cessa bientôt de se débattre.

— Merci, mon Dieu, soupira Andy, à bout de souffle, avant de lâcher prise.

Mais le cocktail détonnant de paranoïa, de sédatif et de cocktails bon marché provoqua chez Sophie une réaction inattendue : elle se redressa brusquement et vomit un jet de liquide vert clair sur le pantalon d'Andy.

— Oh meeerde ! gémit ce dernier.

Une odeur pestilentielle se répandit dans le couloir. Sophie retomba sans connaissance sur la moquette.

Craignant qu'elle ne s'étouffe dans son sommeil, Greg plongea deux doigts dans sa gorge, s'assura que ses voies respiratoires n'étaient pas obstruées puis la plaça sur le flanc, en position latérale de sécurité.

— Quand je pense que certains rêvent de devenir espions… gémit Andy avant de s'écarter. C'est curieux, mais personne ne vomit jamais sur James Bond.

Soudain, Greg remarqua des taches sanglantes sur la moquette du couloir et de la chambre de George. L'adrénaline l'avait jusqu'alors rendu insensible à la douleur, mais il avait marché sans s'en rendre compte sur un fragment de vase et s'était profondément entaillé le talon.

Andy inspecta le chaos environnant : du sang, des vomissures, de la bière, de la porcelaine brisée, des M&M's écrasés et même une fissure dans le mur…

— La mère de George va adorer, dit-il.

Endurcis par les souffrances éprouvées à l'entraînement, les deux agents restaient déterminés à mener à bien leur mission.

Greg adressa un sourire à Andy.

— C'est dur, mais les agents de CHERUB sont encore plus durs ! s'exclama-t-il sur le ton autoritaire propre aux instructeurs du campus.

Andy éclata de rire.

— Je vais prendre une douche et piquer un short dans l'armoire de George, dit-il. Pendant ce temps-là, tâche de trouver des pansements. Tu es en train de saloper la moquette. Ensuite, on mettra Sophie au lit.

— Ça marche. Et après ?

Andy consulta sa montre.

— Il est deux heures moins le quart. On a encore trois heures devant nous. On doit retourner au labo de Lydon et programmer les quarante-trois dernières altérations.

10. Colère noire

Les tremblements de terre sont mesurés sur l'échelle de Richter, les tornades sur celle de Fujita, l'activité des volcans au regard d'un index d'explosivité. Andy et Greg doutaient qu'il existât un moyen de quantifier la rage d'une mère de famille, mais en ce samedi matin, celle de George battait tous les records.

— Descendez au rez-de-chaussée, et en vitesse ! hurla-t-elle en secouant son fils endormi par les épaules.

Elle souffrait d'une terrible migraine, un effet secondaire du gaz soporifique qui n'arrangeait rien à l'affaire.

— Faites attention où vous mettez les pieds, il y a des morceaux de porcelaine sur le palier.

Ce n'est qu'en ouvrant la fenêtre de la chambre pour disperser l'odeur de bière et de pizza qu'elle découvrit la haie endommagée.

— Je t'interdis de ramener des copains à la maison, tu m'entends ? Plus jamais ! Ça dépasse *tout* ce que j'avais pu imaginer !

Zhang et George découvrirent avec stupéfaction la moquette souillée de sang, de vomi, de bière et de chocolat.

— C'est pas moi ! glapit misérablement George.

À l'autre extrémité du couloir, Sophie émergea de sa chambre, les cheveux dressés dans toutes les directions. Elle portait toujours ses bas et sa robe ultra-courte, mais ces effets destinés à susciter le désir lors de sa sortie en boîte de nuit étaient à présent maculés de vomissures.

— Moins de bruit, grogna-t-elle. J'ai pas fini ma nuit.

— Ta nuit ? tempêta Mrs Lydon tandis que Zhang et George dévalaient l'escalier, en proie à la confusion la plus absolue. Jeune fille, personne ne dormira une seule minute tant que les traces de ce carnage n'auront pas disparu !

Sophie leva les yeux au ciel.

— Relax, maman. J'y suis pour rien. C'est les geeks qui ont trop picolé.

— *Tu* es responsable de ceci, et tu le sais parfaitement ! dit la femme en pointant la tache verte et fétide sur la moquette. Il y en a plein ta robe. Va chercher les produits de nettoyage à la cuisine, et que ça saute !

— Ouais, bien sûr. Comme d'habitude, c'est à moi de faire le ménage sous prétexte que je suis une fille.

— Oh, ne t'inquiète pas pour ça, ma petite chérie. Ton frère va mettre la main à la pâte, tu peux me faire confiance, et vous rembourserez les dégâts tous les deux, sur votre argent de poche. Et ne comptez pas trop sur les cadeaux de Noël et d'anniversaire. Si vous ne parvenez pas à récupérer la moquette, ce sera pour votre pomme, alors je vous conseille de frotter !

Réfugié dans la cuisine, Zhang se préparait un bol de Chocopops. Au fond, il trouvait la situation très amusante.

— Tu devrais partir en Chine avec moi, George. C'est sans doute le seul endroit de la terre où tu pourrais échapper à ta folle de mère.

Son ami ne prêtait même pas attention à ses plaisanteries. Il était consterné par l'attitude de Greg.

— J'ai passé des tas de soirées avec mes potes, et jamais une chose pareille n'est arrivée ! hurla-t-il. Mais qu'est-ce que vous avez foutu, bon sang ?

Greg afficha un air innocent.

— Ta sœur est rentrée bourrée, et la porte de sa chambre était fermée à clé. Comme Andy a appris à crocheter les serrures, il lui a filé un coup de main et là, elle a complètement pété les plombs.

George avait du mal à avaler cette explication.

— Et comment tu expliques la tache sur la moquette de ma chambre ? C'est forcément vous, les mecs. Et pourquoi Andy porte-t-il l'un de mes shorts ?

— Parce que ton ivrogne de sœur a dégueulé sur mon pantalon avant de tomber dans le coma, expliqua ce dernier.

À cet instant précis, Sophie fit irruption dans la cuisine. Elle ouvrit le placard situé sous l'évier et s'empara d'une éponge, d'une serpillière et d'un flacon de shampooing pour moquette.

—Merci pour tout, George, lâcha-t-elle. Rien ne serait arrivé si tu ne nous avais pas ramené tes nouveaux copains.

—Tu étais beurrée, répliqua Greg. Tu es devenue folle et tu m'as cassé un vase sur la tête.

—Parce que tu as essayé de me choper !

—Quoi ? Mais tu es complètement mytho ! Et je te signale qu'on t'a vue écraser des M&M's et verser de la bière sur la moquette pour que George se fasse accuser.

—N'importe quoi !

Greg savait qu'il la tenait.

—Alors c'est quoi, ces taches de couleur sur ton talon ?

Sophie resta figée.

—Montre ton pied, ordonna George sur un ton glacial.

Confronté au refus obstiné de sa sœur, il se jeta sur elle. Elle le frappa sèchement à l'arrière de la tête. Il plongea les dents dans son avant-bras. Ils finirent par rouler sur le carrelage, entre la table et la machine à laver.

Alertée par leurs hurlements sauvages, Mrs Lydon débarqua dans la cuisine.

—ARRÊTEZ ! cria-t-elle en séparant les belligérants. Il n'est plus temps de vous disputer. Vous nettoierez votre bordel *tous les deux*. Pas de discussion.

Sophie poussa un profond soupir puis ramassa les produits de nettoyage. George, lui, fondit en larmes.

—Je suis désolé, sanglota-t-il. S'il te plaît, ne nous punis pas. Ne gâche pas nos vacances d'été.

Le docteur Lydon ne se laissa pas attendrir.

—Tu as treize ans, mon garçon, et tu te comportes

comme une fillette. Crois-tu vraiment que cette comédie ridicule puisse me faire changer d'avis ?

Pour illustrer ses propos, elle sortit une pelle à poussière du placard et en flanqua de grands coups sur les jambes de son fils.

— File à l'étage et aide ta sœur ! rugit-elle.

C'était la troisième fois que Mrs Lydon levait la main sur l'un de ses enfants. George était estomaqué. Il gravit les marches à toute allure, comme si un missile thermoguidé était verrouillé sur son postérieur.

Mrs Lydon considéra Greg, Zhang et Andy d'un œil sombre. Assis autour de la table, les trois garçons observaient un silence absolu. Elle n'avait pas lâché la pelle à poussière, et il semblait évident qu'elle brûlait de s'en servir à nouveau. Elle regrettait amèrement que les adultes ne soient pas autorisés à châtier les enfants d'autrui.

— Appelez vos parents, grogna-t-elle. Je veux que vous quittiez ma maison aussi vite que possible, et n'espérez pas y remettre les pieds.

Sur ces mots, elle tourna les talons et s'engagea dans l'escalier.

— Vous avez intérêt à frotter dur, là-haut ! menaça-t-elle.

Zhang souleva la boîte de céréales.

— Quelqu'un veut des Chocopops ? demanda-t-il sur un ton parfaitement détaché.

Greg s'isola dans le vestibule et contacta John Jones sur son téléphone portable.

— Mon père sera en bas de la rue dans dix minutes, annonça-t-il, sa conversation achevée. On ferait mieux d'y aller tout de suite, avant que cette vieille folle ne redescende.

— Je ne sais pas vous, mais moi, j'ai passé une super soirée, dit Zhang en remplissant son bol à ras bord. En général, on s'emmerde. Je mets des tôles à George à la X-box, on raconte des conneries, et puis on pionce. Avec vous, c'était carrément… différent.

— On fera peut-être un truc chez nous, la prochaine fois, sourit Greg en frappant ses phalanges contre celles de son camarade.

— Content de t'avoir rencontré, ajouta Andy. Bonnes vacances en Chine.

Les deux agents épaulèrent leurs sacs puis quittèrent la maison. Greg boitait bas sur l'allée de graviers qui menait à la rue.

— J'ai une bosse énorme à la tête, là où cette malade m'a frappé avec le vase, dit-il.

— Ouais, tu t'en es pris plein la poire. Enfin, je suis bien content de pouvoir t'appeler Rat. Je ne te raconte même pas le nombre de fois où j'ai failli gaffer…

Rat appréciait sincèrement George et Zhang, et il se sentait un peu triste de devoir les quitter. La mission était terminée. CHERUB inventerait un scénario pour justifier son déménagement, et jamais plus il ne les reverrait. Pour le reste, il était heureux de retrouver sa petite amie Lauren après deux mois de séparation, et de fêter enfin son treizième anniversaire sur le campus.

—Ce pauvre George, dit Andy. On ne l'a pas fait exprès, mais je crois que sa vie va être un enfer dans les mois à venir.

—T'inquiète, il survivra. Nous, on a fait notre boulot, et c'est ça le plus important.

Épilogue

Foulant l'herbe recouverte de givre, tous les résidents de CHERUB convergeaient vers le centre du campus. Ils étaient d'humeur joyeuse, car ils avaient été dispensés de cours pour assister à l'inauguration d'un nouveau bâtiment. C'était une construction moderne, érigée selon les normes écologiques les plus strictes, dont la façade intégralement vitrée décrivait des courbes harmonieuses.

Les T-shirts rouges se trouvaient déjà sur les lieux. Ils manifestaient leur enthousiasme en courant et en bondissant comme des possédés devant l'entrée de l'édifice. Rassemblés par petits groupes, des agents plus âgés, qui souhaitaient paraître *cool* en toute occasion, manifestaient davantage de réserve.

Greg (alias Rat) et Lauren Adams marchaient main dans la main. Bethany Parker, la meilleure amie de cette dernière, les suivait de près, accompagnée d'Andy. James Adams, son copain Bruce Norris et deux autres garçons fermaient la marche.

— Comme il fait froid, je vous épargnerai un long discours, dit Zara Asker, lorsque tous les agents furent réunis devant le nouveau bâtiment. Sans plus attendre, en cette journée mondiale du livre, je déclare ouverte la nouvelle bibliothèque de CHERUB !

Des applaudissements polis saluèrent cette déclaration. Armés d'une paire de ciseaux, deux des plus jeunes résidents du campus s'approchèrent d'un ruban tendu devant la porte de l'édifice. À deux reprises, ils tentèrent vainement de le couper, provoquant un concert d'éclats de rire. Zara leur prêta main-forte en tendant fermement la bande de tissu.

Lauren et ses camarades durent patienter plusieurs minutes avant de franchir les portes de la bibliothèque prises d'assaut par plus de deux cents agents.

— Très chic, dit-elle en observant le plafond de chêne et les baies vitrées incurvées.

De longues tables occupaient le centre de la grande salle du rez-de-chaussée. Un escalier permettait d'accéder à la coursive où les ouvrages étaient alignés sur d'immenses rayonnages. Un espace était réservé aux plus jeunes. C'était un petit bateau pirate équipé de hamacs, de poufs et de coussins, d'une barre en bois vieilli et de voiles blanches frappées du logo de CHERUB.

À l'autre extrémité de la pièce se trouvait un salon meublé de fauteuils, de sofas et de tables basses. Un distributeur automatique de café et de chocolat chaud était à la disposition des lecteurs, ainsi qu'un buffet proposant des muffins, des croissants et des fruits frais. Lauren consulta le panneau affiché à l'entrée : *Il est strictement interdit de boire ou de manger dans la salle de lecture. Tout contrevenant écopera de quinze tours de piste.*

Lauren et ses amis tentèrent de se frayer un chemin jusqu'au buffet.

— Un peu trop chicos à mon goût, dit James Adams. De toute façon, les bouquins, ça n'a jamais été mon truc. Et puis, il suffit d'attendre quelques années pour voir l'adaptation au cinéma.

Sa sœur haussa les yeux au ciel.

— Le dernier livre que tu as lu, c'est *J'apprends à lire l'heure avec Mickey*.

— Et il n'a jamais pu le finir, ajouta Rat. Il ne fait toujours par la différence entre la petite et la grande aiguille.

Lauren considéra la foule massée devant le buffet. Toutes les places assises étaient occupées. Plusieurs agents s'étaient installés sur les tables basses.

— L'attrait de la nouveauté, déclara Bethany. Dans deux jours, à la même heure, je vous parie qu'on n'y trouvera pas plus de quatre personnes.

— Moi, j'aime beaucoup, déclara Andy. Je préférerais lire et faire mes devoirs ici que rester tout seul dans ma chambre. En plus, il paraît qu'ils ont reçu tout un stock de nouveaux livres.

Un craquement se fit entendre à l'autre bout de la salle, suivi d'un concert de cris aigus : l'un des mâts du bateau pirate venait de céder sous le poids d'une grappe d'enfants. Trois éducateurs du bloc junior se précipitèrent afin de s'assurer qu'aucun d'eux ne s'était blessé.

— Bien joué ! s'exclama James.

— Celui qui a conçu ce truc a clairement sous-estimé le pouvoir de destruction des T-shirts rouges, soupira Lauren.

— On ne trouvera jamais de place dans le salon, dit Andy. Si on s'asseyait dans la salle de lecture ?

— Eh, regardez ça ! s'exclama Rat en désignant un présentoir où étaient exposés les quotidiens du matin. C'est Kurt !

Il s'empara du journal, considéra la photo de Lydon figurant en première page, puis se plongea dans la lecture de l'article.

UN SCIENTIFIQUE BRITANNIQUE ARRÊTÉ DANS LE CADRE D'UNE OPÉRATION VISANT UN RÉSEAU DE TRAFIC D'ARMEMENT NUCLÉAIRE

Un ingénieur britannique figure parmi les vingt-deux suspects arrêtés à Bruxelles lors d'une rencontre au sommet entre membres d'une organisation criminelle connue sous le nom de Soleil Noir.

Kurt Lydon, 54 ans, domicilié à Milton Keynes, expert en enrichissement de l'uranium, est spécialisé dans la conception de centrifugeuses utilisées dans la production d'armes atomiques.

L'opération, menée conjointement par les services de renseignement britanniques, français, américains et belges, serait directement liée à l'explosion d'un complexe d'enrichissement d'uranium situé au Nigéria, il y a trois semaines, une installation dont Lydon est suspecté d'être le principal concepteur.

Malgré les lourds soupçons qui pèsent sur elles, les autorités de Lagos ont réaffirmé que le réseau Soleil Noir n'était « qu'une organisation terroriste sans aucun lien avec le gouvernement démocratiquement élu de la République fédérale du Nigéria ».

Par la voix de son porte-parole, le MI5 estime que ce coup de filet est susceptible de décourager les États qui tentent d'acquérir la technologie nucléaire à des fins militaires.

Outre les vingt-deux arrestations, l'opération de surveillance internationale, qui a duré deux ans, a permis la saisie de documents volés, de matériaux nucléaires et de quatre-vingts millions d'euros sur les comptes bancaires des membres du réseau Soleil Noir.

La police britannique a investi la maison de Kurt Lydon et découvert le laboratoire ultramoderne où le scientifique menait ses activités.

En attendant la levée des scellés, son épouse, chirurgienne à l'hôpital de Milton Keynes, et ses deux enfants ont été hébergés par des proches. Contactée par notre rédaction, elle s'est refusée à tout commentaire.

CHERUB, agence de renseignement fondée en 1946

1941

Au cours de la Seconde Guerre mondiale, Charles Henderson, un agent britannique infiltré en France, informe son quartier général que la Résistance française fait appel à des enfants pour franchir les *check points* allemands et collecter des renseignements auprès des forces d'occupation.

1942

Henderson forme un détachement d'enfants chargés de mission d'infiltration. Le groupe est placé sous le commandement des services de renseignement britanniques. Les *boys* d'Henderson ont entre treize et quatorze ans. Ce sont pour la plupart des Français exilés en Angleterre. Après une courte période d'entraînement, ils sont parachutés en zone occupée. Les informations collectées au cours de cette mission contribueront à la réussite du débarquement allié, le 6 juin 1944.

1946

Le réseau Henderson est dissous à la fin de la guerre. La plupart de ses agents regagnent la France. Leur existence n'a jamais été reconnue officiellement.

Charles Henderson est convaincu de l'efficacité des agents mineurs en temps de paix. En mai 1946, il reçoit du gouvernement britannique la permission de créer CHERUB, et prend ses quartiers dans l'école d'un village abandonné. Les vingt premières recrues, tous des garçons, s'installent dans des baraques de bois bâties dans l'ancienne cour de récréation.

Charles Henderson meurt quelques mois plus tard.

1951

Au cours des cinq premières années de son existence, CHERUB doit se contenter de ressources limitées. Suite au démantèlement d'un réseau d'espions soviétiques qui s'intéressait de très près au programme nucléaire militaire britannique, le gouvernement attribue à l'organisation les fonds nécessaires au développement de ses infrastructures.

Des bâtiments en dur sont construits et les effectifs sont portés de vingt à soixante.

1954

Deux agents de CHERUB, Jason Lennox et Johan Urminski, perdent la vie au cours d'une mission d'infiltration en Allemagne de l'Est. Le gouvernement envisage de dissoudre l'agence, mais renonce finalement à se séparer des soixante-dix agents qui remplissent alors des missions d'une importance capitale aux quatre coins de la planète.

La commission d'enquête chargée de faire toute la

lumière sur la mort des deux garçons impose l'établissement de trois nouvelles règles :

1. La création d'un comité d'éthique composé de trois membres chargés d'approuver les ordres de mission.

2. L'établissement d'un âge minimum fixé à dix ans et quatre mois pour participer aux opérations de terrain. Jason Lennox n'avait que neuf ans.

3. L'institution d'un programme d'entraînement initial de cent jours.

1956

Malgré de fortes réticences des autorités, CHERUB admet cinq filles dans ses rangs à titre d'expérimentation. Au vu de leurs excellents résultats, leur nombre est fixé à vingt dès l'année suivante. Dix ans plus tard, la parité est instituée.

1957

CHERUB adopte le port des T-shirts de couleur distinguant le niveau de qualification de ses agents.

1960

En récompense de plusieurs succès éclatants, CHERUB reçoit l'autorisation de porter ses effectifs à cent trente agents. Le gouvernement fait l'acquisition des champs environnants et pose une clôture sécurisée. Le domaine s'étend alors à un tiers du campus actuel.

1967

Katherine Field est le troisième agent de CHERUB à perdre la vie sur le théâtre des opérations. Mordue par un serpent lors d'une mission en Inde, elle est rapidement secourue, mais le venin ayant été incorrectement identifié, elle se voit administrer un antidote inefficace.

1973

Au fil des ans, le campus de CHERUB est devenu un empilement chaotique de petits bâtiments. La première pierre d'un immeuble de huit étages est posée.

1977

Max Weaver, l'un des premiers agents de CHERUB, magnat de la construction d'immeubles de bureaux à Londres et à New York, meurt à l'âge de quarante et un ans, sans laisser d'héritier. Il lègue l'intégralité de sa fortune à l'organisation, en exigeant qu'elle soit employée pour le bien-être des agents.

Le fonds Max Weaver a permis de financer la construction de nombreux bâtiments, dont le stade d'athlétisme couvert et la bibliothèque. Il s'élève aujourd'hui à plus d'un milliard de livres.

1982

Thomas Webb est tué par une mine antipersonnel au cours de la guerre des Malouines. Il est le quatrième agent de CHERUB à mourir en mission. C'était l'un des neuf agents impliqués dans ce conflit.

1986

Le gouvernement donne à CHERUB la permission de porter ses effectifs à quatre cents. En réalité, ils n'atteindront jamais ce chiffre. L'agence recrute des agents intellectuellement brillants et physiquement robustes, dépourvus de tout lien familial. Les enfants remplissant les critères d'admission sont extrêmement rares.

1990

Le campus CHERUB étend sa superficie et renforce sa sécurité. Il figure désormais sur les cartes de l'Angleterre en tant que champ de tir militaire, qu'il est formellement interdit de survoler. Les routes environnantes sont détournées afin qu'une allée unique en permette l'accès. Les murs ne sont pas visibles depuis les artères les plus proches. Toute personne non accréditée découverte dans le périmètre du campus encourt la prison à vie, pour violation de secret d'État.

1996

À l'occasion de son cinquantième anniversaire, CHERUB inaugure un bassin de plongée et un stand de tir couvert.

Plus de neuf cents anciens agents venus des quatre coins du globe participent aux festivités. Parmi eux, un ancien Premier Ministre du gouvernement britannique et une star du rock ayant vendu plus de quatre-vingts millions d'albums.

À l'issue du feu d'artifice, les invités plantent leurs tentes dans le parc et passent la nuit sur le campus. Le lendemain matin, avant leur départ, ils se regroupent dans la chapelle pour célébrer la mémoire des quatre enfants qui ont perdu la vie pour CHERUB.

Table des chapitres

**Pour tout connaître
des origines de CHERUB, lisez
HENDERSON'S BOYS**

CHERUB - *les origines*

L'EVASION

L'espion britannique
Charles Henderson
recherche deux jeunes
Anglais traqués par les
nazis. Sa seule chance d'y
parvenir : accepter l'aide
de Marc, 12 ans, orphelin
débrouillard Les services
de renseignement
britanniques comprennent
peu à peu que ces enfants
constituent des alliés
insoupçonnables. Une
découverte qui pourrait
bien changer le cours
de la guerre…

LE JOUR DE L'AIGLE

Un groupe d'adolescents
mené par l'espion anglais
Charles Henderson tente
vainement de fuir la France
occupée. Malgré les
officiers nazis lancés à
leurs trousses, ils se voient
confier une mission d'une
importance capitale :
réduire à néant les projets
allemands d'invasion
de la Grande-Bretagne.
L'avenir du monde libre
est entre leurs mains…

LISEZ UN EXTRAIT GRATUIT À LA FIN DE CE LIVRE

L'ARMEEE SECRETE

Fort de son succès en
France occupée, Charles
Henderson est de retour en
Angleterre avec six
orphelins prêts à se battre
au service de Sa Majesté.
Livrés à un instructeur
intraitable, ces apprentis
espions se préparent pour
leur prochaine mission
d'infiltration en territoire
ennemi. Ils ignorent
encore que leur chef,
confronté au mépris de sa
hiérarchie, se bat pour
convaincre l'état-major
britannique de ne pas
dissoudre son unité…

OPERATION U-BOOT

Assaillie par l'armée nazie,
la Grande-Bretagne ne
peut compter que sur ses
alliés américains pour
obtenir armes et vivres.
Mais les cargos sont des
proies faciles pour les
sous-marins allemands,
les terribles U-boot.
Charles Henderson et ses
jeunes recrues partent à
Lorient avec l'objectif de
détruire la principale base
de sous-marins allemands.
Si leur mission échoue,
la résistance britannique
vit sans doute ses
dernières heures…

LE PRISONNIER

Depuis huit mois, Marc Kilgour, l'un des meilleurs agents de Charles Henderson, est retenu dans un camp de prisonniers en Allemagne. Affamé, maltraité par les gardes et les détenus, il n'a plus rien à perdre. Prêt à tenter l'impossible pour rejoindre l'Angleterre et retrouver ses camarades de **CHERUB**, il échafaude un audacieux projet d'évasion. Au bout de cette cavale en territoire ennemi, trouvera-t-il la mort… ou la liberté ?

TIREURS D'ÉLITE

Mai 1943. CHERUB découvre que l'Allemagne cherche à mettre au point une arme secrète à la puissance dévastatrice. Sur ordre de Charles Henderson, Marc et trois autres agents suivent un programme d'entraînement intensif visant à faire d'eux des snipers d'élite. Objectif : saboter le laboratoire où se prépare l'arme secrète et sauver les chercheurs français exploités par les nazis.

L'ULTIME COMBAT

Juin 1944. Alors que l'armée
allemande essuie des revers
sur tous les fronts, Charles
Henderson et ses agents
se battent aux côtés de la
Résistance dans le maquis
de Beauvais. Au matin du
débarquement, le commandant
allié leur confie une ultime
mission : freiner l'avancée
d'un bataillon de blindés en
route pour la Côte normande.
Une unité composée de
soldats violents et désespérés
qui sème la mort sur son
passage…

Robert Muchamore

L'ÉVASION

EXTRAIT : HENDERSON'S BOYS. 01

HENDERSON'S
BOYS. 01

PREMIÈRE PARTIE

5 juin 1940 – 6 juin 1940

L'Allemagne nazie lança l'opération d'invasion de la France le 10 mai 1940. Sur le papier, les forces françaises alliées aux forces britanniques étaient égales, voire supérieures à celles des Allemands. La plupart des commentateurs prévoyaient une guerre longue et sanglante. Mais, alors que les forces alliées se déployèrent de manière défensive, les Allemands utilisèrent une tactique aussi nouvelle que radicale : le Blitzkrieg. Il s'agissait de rassembler des chars et des blindés pour former d'énormes bataillons qui enfonçaient les lignes ennemies.

Dès le 21 mai, les Allemands parvinrent ainsi à occuper une grande partie du nord de la France. Les Britanniques furent contraints de procéder à une humiliante évacuation par la mer, à Dunkerque, tandis que l'armée française était anéantie. Les généraux allemands souhaitaient poursuivre leur avancée jusqu'à Paris, mais Hitler leur ordonna de faire une pause afin de se regrouper et de renforcer leurs voies de ravitaillement.

La nuit du 3 juin, il donna finalement l'ordre de reprendre l'offensive.

CHAPITRE PREMIER

Bébé, Marc Kilgour avait été abandonné entre deux pots de fleurs en pierre sur le quai de la gare de Beauvais, à soixante kilomètres au nord de Paris. Un porteur le découvrit couché à l'intérieur d'un cageot de fruits et s'empressa de le conduire au chaud dans le bureau du chef de gare. Là, il découvrit l'unique indice de l'identité du bambin : un bout de papier sur lequel on avait griffonné ces cinq mots : *allergique au lait de vache.*

Âgé maintenant de douze ans, Marc avait si souvent imaginé son abandon que ce souvenir inventé était devenu une réalité : le quai de gare glacial, sa mère inquiète qui l'embrassait sur la joue avant de monter dans un train et de disparaître pour toujours, les yeux humides, la tête pleine de secrets, tandis que les wagons s'enfonçaient dans la nuit et les nuages de vapeur. Dans ses fantasmes, Marc voyait une statue érigée sur ce quai, un jour. Marc Kilgour : as de l'aviation, gagnant des 24 Heures du Mans, héros de la France…

Hélas, jusqu'à présent, sa vie avait été on ne peut plus terne. Il avait grandi à quelques kilomètres au nord de Beauvais, dans une grande ferme délabrée dont les murs lézardés et les poutres ratatinées étaient constamment menacés par le pouvoir destructeur d'une centaine de garçons orphelins.

Les fermes, les châteaux et les forêts de la région séduisaient les Parisiens qui venaient s'y promener en voiture le dimanche, mais pour Marc, c'était un enfer; et ces vies excitantes que lui laissaient entrevoir la radio et les magazines lui faisaient l'effet d'une torture.

Ses journées se ressemblaient toutes: la meute grouillante des orphelins se levait au son d'une canne qui frappait contre un radiateur en fonte, puis c'étaient les cours jusqu'au déjeuner, suivis d'un après-midi de labeur à la ferme voisine. Les hommes qui étaient censés accomplir ces tâches pénibles avaient tous été réquisitionnés pour combattre les Allemands.

La ferme des Morel était la plus grande de la région et Marc le plus jeune des quatre garçons qui y étaient employés. M. Thomas, le directeur de l'orphelinat, profitait de la pénurie de main-d'œuvre et recevait une coquette somme d'argent en échange du travail des garçons. Mais ceux-ci n'en voyaient jamais la couleur, et lorsqu'ils le faisaient remarquer, ils avaient droit à un regard courroucé et à un sermon qui soulignait tout ce qu'ils avaient déjà coûté en nourriture et en vêtements.

Suite à de nombreuses prises de bec avec M. Thomas, Marc avait hérité de la corvée la plus désagréable. Les terres de Morel produisaient essentiellement du blé et des légumes, mais le fermier possédait une douzaine de vaches laitières, dans une étable, et leurs veaux étaient élevés dans un abri voisin, pour leur viande. En l'absence de pâturages, les bêtes se nourrissaient uniquement de fourrage et apercevaient la lumière du jour seulement quand on les conduisait dans une ferme des environs pour s'ébattre avec Henri le taureau.

Pendant que ses camarades orphelins s'occupaient des champs, Marc, lui, devait se faufiler entre les stalles mitoyennes pour nettoyer l'étable. Une vache adulte produit cent vingt litres d'excréments et d'urine par jour, et elle ignore les vacances et les week-ends.

De ce fait, sept jours par semaine, Marc se retrouvait dans ce local malodorant à récurer le sol en pente pour faire glisser le fumier dans la fosse. Une fois qu'il avait ôté la paille piétinée et les déjections, il lavait à grande eau le sol en béton, puis déposait dans chaque stalle des bottes de foin et des restes de légumes. Deux fois par semaine, c'était la grande corvée : vider la fosse et faire rouler les tonneaux puants vers la grange, où le fumier se décomposerait jusqu'à ce qu'il serve d'engrais.

Jade Morel avait douze ans, elle aussi, et elle connaissait Marc depuis leur premier jour d'école. Marc était un beau garçon, avec des cheveux blonds emmêlés, et Jade l'avait toujours bien aimé. Mais en tant que fille du fermier le plus riche de la région, elle n'était pas censée fréquenter les garçons qui allaient à l'école pieds nus. À neuf ans, elle avait quitté l'école communale pour étudier dans un collège de filles à Beauvais, et elle avait presque oublié Marc, jusqu'à ce que celui-ci vienne travailler à la ferme de son père quelques mois plus tôt.

Au début, ils n'avaient échangé que des signes de tête et des sourires, mais depuis que le temps s'était mis au beau, ils avaient réussi à bavarder un peu, assis dans l'herbe; et parfois, Jade partageait avec lui une tablette de chocolat. Par timidité, leurs conversations se limitaient aux cancans et aux souvenirs datant de l'époque où ils allaient à l'école ensemble.

Jade approchait toujours de l'étable comme si elle se promenait, tranquillement, la tête ailleurs, mais très souvent, elle revenait sur ses pas ou bien se cachait dans les herbes hautes, avant de se relever et de faire mine de heurter Marc accidentellement au moment où celui-ci sortait. Il y avait dans ce jeu quelque chose d'excitant.

Ce jour-là, un mercredi, Jade fut surprise de voir Marc jaillir par la porte latérale de l'étable, torse nu et visiblement de fort mauvaise humeur. D'un coup de botte en caoutchouc, il envoya valdinguer un seau en fer qui traversa bruyamment la cour de la ferme. Il en prit un autre, qu'il plaça sous le robinet installé à l'extérieur de l'étable.

Intriguée, la fillette s'accroupit et s'appuya contre le tronc d'un orme. Marc ôta ses bottes crottées et jeta un regard furtif autour de lui avant d'ôter ses chaussettes, son pantalon et son caleçon. Jade, qui n'avait jamais vu un garçon nu, plaqua sa main sur sa bouche, alors que Marc montait sur une dalle carrelée et saisissait un gros savon.

Les mains en coupe, il les plongea dans le seau et s'aspergea tout le corps avant de se savonner. L'eau était glacée et, malgré le soleil qui tapait, il se dépêchait. Quand il fut couvert de mousse, il souleva le seau au-dessus de sa tête et versa l'eau.

Le savon lui piquait les yeux ; il se jeta sur la serviette crasseuse enroulée autour d'un poteau en bois.

— J'ai vu tes fesses ! cria Jade en sortant de sa cachette.

Marc écarta précipitamment les cheveux mouillés qui masquaient son visage et découvrit avec stupéfaction le regard pétillant et le sourire doux de Jade. Il lâcha la serviette et bondit sur son pantalon en velours.

— Bon sang ! fit-il en sautant à cloche-pied pour tenter d'enfiler son pantalon. Ça fait longtemps que tu es là ?

— Suffisamment, répondit la jeune fille.

— D'habitude, tu ne viens jamais si tôt.

— J'ai pas école, expliqua Jade. Certains profs ont filé. Les Boches arrivent.

Marc hocha la tête pendant qu'il boutonnait sa chemise. Il expédia ses bottes dans l'étable.

— Tu as entendu les tirs d'artillerie ? demanda-t-il.

— Ça m'a fait sursauter. Et puis aussi les avions allemands ! Une de nos domestiques a dit qu'il y avait eu des incendies en ville, près de la place du marché.

— Oui, on sent une odeur de brûlé quand le vent tourne. Vous devriez partir dans le sud avec la belle Renault de ton père.

Jade secoua la tête.

— Ma mère veut partir, mais papa pense que les Allemands ne nous embêteront pas si on leur fiche la paix. Il dit qu'on aura toujours besoin de fermiers, que le pays soit gouverné par des escrocs français ou allemands.

— Le directeur nous a laissés écouter la radio hier soir. Ils ont annoncé qu'on préparait une contre-attaque. On pourrait chasser les Boches.

— Oui, peut-être, dit Jade, sceptique. Mais ça se présente mal…

Marc n'avait pas besoin d'explications. Les stations de radio officielles débitaient des commentaires optimistes où il était question de riposte et des discours enflammés qui parlaient de « l'esprit guerrier des Français ». Mais aucune propagande, aussi massive soit-elle, ne pouvait cacher les camions remplis de soldats blessés qui revenaient du front.

— C'est trop déprimant, soupira Marc. J'aimerais tellement avoir l'âge de me battre. Au fait, tu as des nouvelles de tes frères ?

— Non, aucune… Mais personne n'a de nouvelles de personne. La Poste ne fonctionne plus. Ils sont sans doute prisonniers. À moins qu'ils se soient enfuis à Dunkerque.

Marc hocha la tête avec un sourire qui se voulait optimiste.

— D'après *BBC France*, plus de cent mille de nos soldats ont réussi à traverser la Manche avec les Britanniques.

— Mais dis-moi, pourquoi étais-tu de si mauvaise humeur ? demanda Jade.

— Quand ça ?

— À l'instant, dit la fillette avec un sourire narquois. Tu es sorti de l'étable furieux et tu as donné un coup de pied dans le seau.

— Oh ! J'avais fini mon travail quand je me suis aperçu que j'avais oublié ma pelle dans une des stalles. Alors, je me suis penché à l'intérieur pour la récupérer et au même moment, la vache a levé la queue et, PROOOUT ! elle m'a chié en plein visage. En plus, j'avais la bouche ouverte…

— Arrggh ! s'écria Jade en reculant, horrifiée. Je ne sais pas comment tu peux travailler là-dedans ! Rien que l'odeur, ça me donne la nausée. Si ce truc me rentrait dans la bouche, j'en mourrais.

— On s'habitue à tout, je crois. Et ton père sait que c'est un sale boulot, alors je travaille deux fois moins longtemps que les gars dans les champs. En plus, il m'a filé des bottes et des vieux habits de tes frères. Ils sont trop grands, mais au moins après, je ne me promène pas en puant le fumier.

Une fois son dégoût passé, Jade vit le côté amusant de la chose et elle rejoua la scène en levant son bras comme si c'était la queue de la vache et en faisant un grand bruit de pet. « FLOC ! »

Marc était vexé.

— C'est pas drôle ! J'ai encore le goût dans la bouche.

Cette remarque fit rire Jade de plus belle, alors Marc s'emporta :

— Petite fille riche ! Évidemment que tu ne le supporterais pas. Tu pleurerais toutes les larmes de ton corps !

— PROOOUT ! FLOC ! répéta Jade.

Elle riait si fort que ses jambes en tremblaient.

— Attends, je vais te montrer ce que ça fait, dit Marc.

Il se jeta sur elle et la saisit à bras-le-corps.

— Non ! Non ! protesta la fillette en donnant des coups de pied dans le vide, alors que le garçon la soulevait de terre.

Impressionnée par la force de Marc, elle lui martelait le dos avec ses petits poings, tandis qu'il l'entraînait vers la fosse à purin située à l'extrémité de la grange.

— Je le dirai à mon père ! Tu vas avoir de gros ennuis !

— PROOOUT ! SPLASH ! répondit Marc en renversant Jade la tête en bas, si bien que ses cheveux longs pendaient dangereusement au-dessus de la fosse malodorante.

La puanteur était comme une gifle.

— Tu as envie de piquer une tête ?

— Repose-moi !

Jade sentait son estomac se soulever en voyant les mouches posées sur la croûte brunâtre où éclataient des bulles de gaz.

— Espèce de crétin ! Si jamais j'ai une seule tache de purin sur moi, tu es un homme mort !

Jade s'agitait furieusement et Marc s'aperçut qu'il n'avait pas la force de la retenir plus longtemps, alors il la retourna et la planta sur le sol.

— Imbécile ! cracha-t-elle en se tenant le ventre, prise de haut-le-cœur.

— Cela te semblait si drôle pourtant quand ça m'est arrivé.

— Pauvre type, grogna Jade en arrangeant ses cheveux.

— Peut-être que la princesse devrait retourner dans son château pour travailler son Mozart, ironisa le garçon en produisant un bruit strident comme un violon qu'on massacre.

Jade était furieuse, non pas à cause de ce qu'avait fait Marc, mais parce qu'elle avait eu la faiblesse de se prendre d'affection pour lui.

— Ma mère m'a toujours dit d'éviter les garçons de ton espèce, dit-elle en le foudroyant du regard, les yeux plissés à cause du soleil. Les orphelins ! Regarde-toi ! Tu viens de te laver, mais même tes vêtements propres ressemblent à des haillons !

— Quel sale caractère, dit Marc.

— Marc Kilgour, ce n'est pas étonnant que tu mettes les mains dans le fumier, tu es dans ton élément !

Marc aurait voulu qu'elle se calme. Elle faisait un raffut de tous les diables et M. Morel adorait sa fille unique.

— Chut, pas si fort, supplia-t-il. Tu sais, nous autres, garçons de ferme, on aime faire les idiots. Je suis désolé. Je n'ai pas l'habitude des filles.

Jade s'élança et tenta de le gifler, mais Marc esquiva. Elle pivota alors pour le frapper derrière la tête, mais ses tennis en toile glissèrent sur la terre sèche et elle se retrouva en train de faire le grand écart.

Marc tendit la main pour la retenir, tandis que le pied avant de la jeune fille continuait à déraper ; hélas ! le tissu de sa robe glissa entre ses doigts et, impuissant, il ne put que la regarder basculer dans la fosse.

CHAPITRE DEUX

Les premières bombes s'abattirent sur Paris dans la nuit du 3 juin. Ces explosions qui symbolisaient l'avancée des troupes allemandes donnèrent le coup d'envoi de l'évacuation de la capitale.

Un an plus tôt, le régime nazi avait terrorisé Varsovie après l'invasion de la Pologne et les Parisiens redoutaient de subir le même sort : juifs et fonctionnaires du gouvernement assassinés dans la rue, jeunes femmes violées, maisons pillées et tous les hommes valides envoyés dans les camps de travail. Alors que la plupart des habitants de la capitale fuyaient, en train, en voiture ou à pied, d'autres, en revanche, considérés comme des inconscients et des idiots par ceux qui partaient, continuaient à vivre comme si de rien n'était.

Paul Clarke était un frêle garçon de onze ans. Il faisait partie des élèves, de moins en moins nombreux, qui fréquentaient encore la plus grande école anglophone de Paris. Celle-ci accueillait les enfants britanniques dont les parents travaillaient dans la capitale, mais n'avaient pas les moyens d'envoyer leur progéniture dans un pensionnat au pays. C'étaient les fils et les filles des petits fonctionnaires d'ambassade, des attachés militaires de grade inférieur, des chauffeurs ou des modestes employés d'entreprises privées.

Depuis le début du mois de mai, le nombre d'élèves était passé de trois cents à moins de cinquante. D'ailleurs, la plupart des professeurs étaient partis, eux aussi, dans le sud ou bien étaient rentrés en Grande-Bretagne. Les enfants restants, âgés de cinq à seize ans, suivaient un enseignement de bric et de broc dispensé dans le hall principal de l'école, une immense salle ornée de boiseries, sous le portrait sévère du roi George et une carte de l'Empire britannique.

Le 3 juin, il ne restait qu'une seule enseignante : la fondatrice et directrice de l'établissement, Mme Divine. Elle avait réquisitionné sa secrétaire pour lui servir d'assistante.

Paul était un garçon rêveur qui préférait cet arrangement de fortune à toutes ces années passées au milieu des élèves de son âge, assis droit comme un I sur sa chaise, à recevoir des coups de règle en bois sur les doigts chaque fois qu'il laissait son esprit vagabonder.

Le travail exigé par la vieille directrice n'était pas au niveau de l'intelligence de Paul, ce qui lui laissait du temps pour gribouiller. Il n'y avait pas un cahier de brouillon, pas un bout de papier dans son pupitre qui ne soit recouvert de dessins à la plume. Il avait un penchant pour les chevaliers en armure et les dragons qui crachaient le feu, mais il savait aussi représenter très fidèlement les voitures de sport et les aéroplanes.

Les doigts tachés d'encre de Paul traçaient les contours d'un biplan français qui fondait héroïquement sur une rangée de chars allemands. Ce dessin lui avait été commandé par un garçon plus jeune et devait être payé d'un Toblerone.

— Hé, fil de fer !

La fillette assise juste derrière Paul lui donna une chiquenaude dans l'oreille et il rata l'extrémité d'une hélice.

— Bon sang ! pesta-t-il en se retournant pour foudroyer du regard sa sœur aînée.

Rosie Clarke venait d'avoir treize ans et elle était aussi différente de Paul que peuvent l'être un frère et une sœur. Certes, il y avait une certaine ressemblance dans les yeux et ils partageaient les mêmes cheveux bruns, les mêmes taches de rousseur, mais alors que les vêtements de Paul semblaient honteux de pendre sur son corps chétif, Rosie possédait des épaules larges, une poitrine précoce et des ongles longs qui faisaient souvent couler le sang de son frère.

— Rosemarie Clarke ! intervint Mme Divine avec son accent anglais très snob. Combien de fois devrai-je vous répéter de laisser votre frère tranquille ?

Paul se réjouissait d'avoir la directrice de son côté, mais cette intervention rappela à tous les élèves qu'il se faisait martyriser par sa sœur et il fut la cible des quolibets qui parcoururent la classe.

— Mais, madame, notre père est dehors ! expliqua Rosie.

Paul tourna vivement la tête vers la fenêtre. Concentré sur son dessin, il n'avait pas vu la Citroën bleu foncé entrer dans la cour de l'école. Un coup d'œil à la pendule au-dessus du tableau noir confirma qu'il restait une bonne heure avant la fin des cours.

— Madame Divine ! lança M. Clarke d'un ton mielleux en pénétrant dans le hall quelques instants plus tard. Je suis affreusement désolé de venir perturber votre classe.

La directrice, qui n'aimait pas les effusions, ne parvint pas à masquer son dégoût lorsque Paul et Rosie embrassèrent leur père sur les joues. Clarke était le représentant en France de la Compagnie impériale de radiophonie. Il était toujours vêtu d'un costume sombre, avec des chaussures brillantes comme un miroir et une extravagante cravate à pois que Mme Divine trouvait vulgaire. Toutefois, l'expression de la directrice se modifia quand M. Clarke lui tendit un chèque.

— Nous devons passer chercher quelques affaires à la maison avant de nous rendre dans le sud, expliqua-t-il. J'ai payé jusqu'à la fin du trimestre, alors je tiens à ce que cette école soit encore là quand la situation redeviendra normale.

— C'est très aimable à vous, dit Mme Divine.

Elle avait passé trente ans de sa vie à bâtir cet établissement, à partir de rien, et elle parut sincèrement émue lorsqu'elle sortit un mouchoir de la manche de son cardigan pour se tamponner les yeux.

Aujourd'hui, c'était au tour de Paul et de Rosie de jouer la scène des adieux à laquelle ils avaient si souvent assisté ce mois-ci. Les garçons se serraient la main, comme des gentlemen, alors que les filles avaient tendance à pleurer et à s'étreindre, en promettant de s'écrire.

Paul n'eut aucun mal à prendre un air distant car ses deux seuls camarades, ainsi que le professeur de dessin, étaient déjà partis. Un peu gêné, il se dirigea vers les plus jeunes élèves assis au premier rang et rendit le cahier de brouillon à son propriétaire de huit ans.

— Je crois que je ne pourrai pas terminer ton dessin, dit-il d'un ton contrit. Mais tu n'as plus qu'à repasser sur les traits au crayon à papier.

— Tu es vraiment doué, dit le garçon, admiratif devant l'explosion d'un char à moitié achevée. *(Il ouvrit son pupitre pour y ranger son cahier.)* Je le laisserai comme ça, je ne veux pas le gâcher.

Paul allait refuser d'être payé, lorsqu'il vit que le pupitre du garçon renfermait plus d'une douzaine de barres de chocolat triangulaires. Son Toblerone à la main, il regagna sa place et rangea ses affaires dans un cartable en cuir : plumes et encre, quelques bandes dessinées défraîchies et ses deux carnets d'esquisses qui contenaient ses plus beaux dessins. Pendant ce temps, sa sœur donnait libre cours à son exubérance naturelle.

— On reviendra tous un jour ! clama-t-elle de manière théâtrale en étouffant dans ses bras Grace, une de ses meilleures amies.

— T'en fais pas, papa, dit Paul en s'approchant de la porte où attendait leur père, l'air hébété. C'est ça, les filles. Elles sont toutes un peu folles.

Paul s'aperçut alors que Mme Divine lui tendait la main, et il dut la lui serrer. C'était une personne sévère et froide, et il ne l'avait jamais beaucoup aimée, mais il avait été élève pendant cinq ans dans cette école et il perçut une sorte de tristesse dans les vieux doigts noueux.

— Merci pour tout, lui dit-il. J'espère que les Allemands ne feront rien d'horrible en arrivant ici.

— Allons, Paul ! dit M. Clarke en donnant une petite tape sur la tête de son fils. On ne dit pas des choses comme ça, voyons !

Rosie avait fini de broyer ses amies dans ses bras et elle ne put retenir ses larmes en serrant vigoureusement les mains de la directrice et de sa secrétaire. Paul, lui, se contenta d'un vague salut de la main à l'attention de toute la classe, avant de suivre son père dans le couloir, jusque sur le perron.

Le soleil brillait sur les pavés de la cour alors qu'ils se dirigeaient vers l'impressionnante Citroën. Il n'y avait aucun nuage dans le ciel, mais l'école était située sur une colline qui dominait la ville et l'on pouvait voir de la fumée s'échapper de plusieurs bâtiments dans le centre.

— Je n'ai pas entendu de bombardement, commenta Rosie en rejoignant son frère et son père.

— Le gouvernement émigre vers le sud, expliqua M. Clarke. Alors, ils brûlent tout ce qu'ils ne peuvent pas emporter. Le ministère de la Défense a même incendié certains de ses édifices.

— Pourquoi partent-ils ? demanda Paul. Je croyais qu'il devait y avoir une contre-offensive.

— Ne sois pas si naïf, espèce de bébé, ricana Rosie.

— Nous ne serions peut-être pas dans un tel pétrin si nos alliés avaient des radios correctes, dit M. Clarke d'un ton amer. Les forces allemandes communiquent instantanément entre elles. Les Français, eux, envoient des messagers à cheval ! J'ai tenté de vendre un système radio à l'armée française, mais leurs généraux vivent encore au Moyen Âge.

Paul fut surpris de voir une cascade de documents dégringoler à ses pieds quand il ouvrit la portière arrière de la voiture.

— Fais attention à ce que le vent ne les emporte pas ! s'exclama son père en plongeant pour ramasser les enveloppes de papier kraft éparpillées dans la cour.

Paul s'empressa de refermer la portière et colla son nez à la vitre : la banquette était couverte de classeurs et de feuilles volantes.

— Ce sont les archives de la Compagnie impériale de radiophonie. J'ai dû quitter le bureau précipitamment.

— Pourquoi ? demanda Rosie.

Son père ignora la question. Il ouvrit la portière du passager, à l'avant.

— Paul, je pense qu'il est préférable que tu te faufiles entre les sièges. Et j'aimerais que tu ranges tous ces papiers pendant le trajet. Rosie, monte devant.

Paul trouvait son père tendu.

— Tout va bien, papa ?

— Oui, bien sûr.

M. Clarke lui adressa son plus beau sourire de représentant de commerce.

— J'ai eu une matinée épouvantable, voilà tout. J'ai dû faire quatre garages pour trouver de l'essence, et finalement, j'ai été obligé d'aller en quémander à l'ambassade de Grande-Bretagne.

— À l'ambassade ? répéta Rosie, étonnée, en claquant la portière.

— Oui, ils ont des réserves de carburant pour permettre au personnel de fuir en cas d'urgence, précisa son père. Heureusement, je connais quelques personnes là-bas. Mais j'ai dû mettre la main à la poche.

M. Clarke n'était pas riche, mais sa Citroën six cylindres était une somptueuse berline qui appartenait à la Compagnie impériale de radiophonie. Paul adorait voyager à l'arrière, sur l'immense banquette en velours, avec les garnitures en acajou et les rideaux à glands devant les vitres.

— Il y a un ordre pour classer ces papiers ? demanda-t-il en dégageant une petite place pour poser ses fesses, alors que son père sortait de la cour de l'école.

— Contente-toi de les empiler, dit M. Clarke pendant que Rosie se retournait pour faire de grands signes à son amie Grace qui était sortie sur le perron. Je prendrai une valise à la maison.

— Où va-t-on ? interrogea Paul.

— Je ne sais pas trop. Dans le sud, en tout cas. Aux dernières nouvelles, il y avait encore des bateaux qui ralliaient la Grande-Bretagne au départ de Bordeaux. Sinon, nous devrions pouvoir passer en Espagne et embarquer à Bilbao.

— Et si on ne peut pas entrer en Espagne ? demanda Rosie avec une pointe d'inquiétude dans la voix, tandis que son frère ordonnait une liasse de feuilles en les tapotant sur l'accoudoir en cuir.

— Eh bien… répondit M. Clarke, hésitant. Nous ne serons fixés qu'en arrivant dans le sud. Mais ne t'en fais pas, ma chérie. La Grande-Bretagne possède la plus grande flotte marchande et la marine la plus puissante du monde. Il y aura toujours un bateau en partance.

La Citroën dévalait la colline en passant devant des rangées d'immeubles qui abritaient parfois une boutique ou un café au rez-de-chaussée. La moitié des commerces avaient baissé leur rideau de fer, certains étaient condamnés par des planches, mais d'autres continuaient à servir les clients, en dépit des nombreuses pancartes signalant les pénuries comme : « *plus de beurre* » aux devantures des épiceries, ou bien : « *tabac réservé aux personnes prenant un repas* », sur les façades des cafés-restaurants.

— On ne devrait pas s'arrêter chez le fleuriste ? demanda Rosie.

M. Clarke posa sur sa fille un regard solennel.

— Je sais que je te l'ai promis, ma chérie, mais le cimetière est à quinze kilomètres, dans la direction opposée. Il faut qu'on fasse nos bagages et qu'on quitte Paris au plus vite.

— Mais… protesta Rosie, tristement. Si on ne peut plus revenir ? On ne reverra plus jamais la tombe de maman !

À l'arrière, Paul se figea, alors qu'il finissait d'empiler les feuilles. Les visites au cimetière le faisaient toujours pleurer. Son père aussi, et il restait devant la tombe pendant une éternité, même quand il gelait à pierre fendre. C'était horrible, et franchement, l'idée de ne plus y retourner le soulageait.

— Il ne s'agit pas d'abandonner ta maman, Rosie, dit M. Clarke. Elle nous accompagnera durant tout le trajet, de là-haut.

TRUE LIES

30 Lies That Are Killing This Generation.
And The Truth They Need To Hear
Before It's Too Late

by

Phil Chalmers

xulon
PRESS

I want to thank my late grandparents and my mom and dad for teaching me the value of hard work

I also want to thank to my beautiful wife Barb and my two sons, Phillip and Jacob, for allowing me to travel extensively to spread this message of truth

This book is dedicated to those children who have been victims of bullying and to young people everywhere in need of a mission and purpose in life

INTRODUCTION

Can you believe that in one short week, a few days, or even 24 quick hours, you can do a 180 and become a completely different person? Well, you can, and hopefully after reading this book, you will! I have seen young people completely change after one of my 60 minute school assemblies. And not just lip service or a temporary change, but a complete life change, for the rest of their life. Sometimes we get side tracked in life, and we are easily influenced by those around us, and occasionally, we need a wake-up call. THIS BOOK IS YOUR WAKE-UP CALL! My challenge for you is to read this book the first time as fast as you can read it. Most will read it in one sitting and won't be able to put it down. Then, I want you to get out a hi-liter and read it a second time, a little slower this time, and mark up the book, writing yourself notes on what action you need to take to break free from the lies of your culture. This will be the time to get truthful with yourself and live the life you were created to live. This message needs to permeate your entire being-your mind, your heart, and your soul! It will completely change your thinking and your way of life. While you are reading this book, keep asking yourself, "How does this apply to me?" After you complete this book, let me know what you thought about the book. Log on to my teen website, TrueLiesAssembly.

com, and share your thoughts, as well as your story, with others. Share with me and others how this book impacted your life and how you will impact the lives of others, sort of like a pay it forward. Let me know what changed in your life and what action you are taking to begin to affect the lives of those around you-your friends, classmates, family, and others in your community.

I am convinced that in one short week, or in a few days, you can make up your mind to kick drugs, beat alcohol, choose life, stop self-abuse, have a new respect for yourself, and in the end, discover your mission and purpose in life. I believe you can actually find your reason for living! How cool is that? Also, you should know that I am speaking from experience because I have lived the crazy life in a not-so-stable family. I lived the lifestyle of trying to please others, calling people friends who were not really friends, dating the wrong people, and using drugs and alcohol to both ease my pain and to enjoy so called "fun." I have never tried suicide personally and have always had a zest for life, but I have been a bad influence on my friends growing up, leading them down the wrong path of alcohol, drug use, and the taking advantage of innocent young ladies. After many years of living this lifestyle, I decided that I needed a change before I ended up dead or in prison! At around the age of 18, my life was transformed in one short week, and although it wasn't easy, and I struggled a bit with my past life, after a few months, I was on track to live a completely different lifestyle. My life now had different goals, a different mission, and a positive woman in my life. Finally, in the end, what really happened is I discovered my mission and purpose in life. I finally had a reason to live and a reason to wake up every day. And I truly believe the same thing can happen to you, which is why I wrote this book.

So, I want to challenge you to keep reading this book, even if there are ideas and beliefs you don't agree with. Here is a way to look at this material. Remember when you were a kid and your Mom gave you medicine when you were sick? When she first put that spoon into your mouth, it tasted very nasty, almost like poison. But you trusted Mom, and you swallowed what she gave you. In a few hours, you started to feel better, and in a sense, it changed your life, or at least how you felt that day. That is what this book will do for you if you "swallow' it and just trust me like you trust your Mom. Some of these ideas might seem foreign to you as you read them, but just know that I felt the same way when I first encountered these ideas as well. But for me, I was ready for a change, and I was open to begin living life like it was meant to be lived. Keep an open mind and keep reading this book until the end, and I promise, if you really investigate the ideas and principles, it will completely and totally transform both your mind and your life.

Another thing to keep in mind, before you go any further, is not everyone will be a fan of what you are reading. And not everyone will get on board with your new way of thinking and your new way of living. Albert Einstein, one of the smartest men in history, said "Great spirits have often encountered violent opposition from weak minds." The people that oppose you will be weak, and many of them can't make this change. They don't have it in them to turn their lives around, but you do! And when you do, don't listen to the haters. This may be tough to listen to when it's coming from your family, best friends, boyfriend, girlfriend, and those you love and trust. But you must rise above the negative and jealous energy, continue to love others who disagree with you, and keep your eye on the prize. Some people will forever remain angry, negative, and will never change. Hate, abuse, jealousy, and anger are what they thrive on. Be nice, and be kind, but move forward, and follow your goals and your mission, and don't look back. You can't drive a car by staring into the rear view mirror. If you do, you will wreck. Stop looking back at your past life and those who don't agree with you. Start driving by looking out the windshield, and start looking ahead. Great things are waiting for you up ahead, so keep driving.

One last thing before you begin devouring this book is there will be an opportunity for you to join the TRUE LIES movement. You can't just stop by changing your life, but you must get this message out to others. You must do your part to bring truth to those around you, especially those who are being destroyed by the lies of your culture. As you read this book, there are thousands of young people considering suicide, homicide, drug use, and other destructive decisions. Many don't feel that life is worth living, but for them, there is still time. But time is running out. The most exciting thing about this book and the TRUE LIES movement is that not only can you change your life, but you can be excited to see the lives of those around you change for the better. I love this quote from Bob Dole, a famous politician. He said "When it's all over, it's not who you were. It's whether you made a difference." And I know that once you read this book, you will choose to make a difference in the lives of those around you. God Bless you as you read and apply these words of truth! I believe in you!

The Dalai Lama, when asked what surprised him most about humanity, answered "Man. Because he sacrifices his health in order to make money. Then he sacrifices money to recuperate his health. And then he is so anxious about the future that he does not enjoy the present; the result being that he does not live in the present or the future; he lives as if he is never going to die, and then *dies having never really lived*."

THE LIES

SEX & DATING LIES

DRUG AND ALCOHOL LIES

BULLYING, VIOLENCE, &
CRIME PREVENTION LIES

SUICIDE & SELF IMAGE LIES

SEX AND DATING LIES

LIE: REAL MEN HAVE SEX, LOOK AT PORN, GET HIGH, AND BULLY OTHERS

**"To put the world right in order, we must first
put the nation in order; to put the nation in order,
we must first put the family in order; to put the family
in order, we must first cultivate our personal life; we
must first set out hearts right."
Confucius, Chinese philosopher**

Phil with his beautiful wife of 25 years, Barb

I grew up in a home that was not the ideal family, and I did not have the greatest of role models in my life. I wasn't really taught about manhood growing up, and I was under the impression that real men had sex, looked at porn, smoked cigarettes, got drunk, got into fights, bullied others, and took advantage of women. I was also raised around people who were very discriminatory against minorities and those of other races. I did not respect authority, and I surely did not respect the young ladies in my school. Suffice to say, I was a very confused young person and had to learn about life on my own. I had a few good friends, but most were not good influences on me. As I look back, I was one of those friends who was a bad influence as well. I led some of my friends down the wrong path, and I encouraged them to join me in drinking, partying, and trying to take advantage of young ladies. And to tell you the truth, although some of you might think this lifestyle sounds fun and exciting, after a short time, it becomes very empty, lonely, and gets old very quickly. After a while, you start saying to yourself, "There has got to be more to life than this!" Thankfully for me, I experienced a change in my life, and it drastically changed the way I treated those around me.

I was invited to a local church by a friend at work, and after attending that church, I did some soul searching and examined my life. I had attended a Catholic school growing up and was raised in a Catholic church, but I hadn't been to church since I was a little boy. I realized that what I needed was a life-change, and I needed to make a drastic change. My life was empty, and I knew that I would never find true happiness in life by living this lifestyle. So, I decided to attend church with this friend and began a change in my life that would change my entire future. When I began attending this church, I noticed a beautiful girl sitting in the back of the church. Luckily, I began dating that young lady, and she was different than any of the girls I had dated before. She was a virgin, of high character, and loved God. She was happy and had peace and joy in her life. And I wanted what she had, so we began spending a lot of time together. When I was tempted by the things of my old life, my new girlfriend helped me stay on track and to keep walking forward in my new life, a life in which I lived a pure and positive lifestyle. In the course of the next year, I became a "real man." I began treating other men like I would want to be treated, and I began treating young ladies like I would want my own daughter to be treated, with respect and honor. I kicked the crazy lifestyle I was leading, and I said no to the lies of my culture. I also said no to the lies from my peers. I decided to start living for truth!

In the midst of this change, I realized that I had a gift of writing and speaking, and I began my life mission of speaking to young people, writing books for teens, and doing my part to make our country a safer place for young people. When people ask me how I did it, I tell them the truth. I started making better choices, surrounded myself with positive people, and I began a spiritual relationship with God, my creator. I made a decision that I would rather have no friends than unhealthy friends. And my life became a life of honor, of purpose, and a life with a positive mission. And that beautiful girl I met that first time I went to church is now my beautiful wife, Barbara Ann Chalmers. We dated for 4 years and now have been married for 25 years.

If I can do it, you can do it as well. It's time to stop being the little boy you really are and start becoming the man you need to be. It's time to start treating other guys exactly how you would like to be treated, with respect. And it's time to start treating these beautiful and precious young ladies like you would want someone to treat your own daughter, your mother, your sister, or future wife, with honor and respect. It's time you start being a protector of young ladies instead of a predator. Are you ready to become a real man? You can do it! Welcome to manhood, Grasshopper!

<u>TRUTH: REAL MEN RESPECT OTHER MEN AND TREAT WOMEN LIKE THEY WOULD WANT THEIR DAUGHTER AND FUTURE WIFE TO BE TREATED, WITH RESPECT!</u>

LIE: USING A CONDOM IS SAFE SEX, AND SAFE SEX IS A SMART OPTION WHEN DECIDING TO HAVE SEX

"Hold yourself responsible for a higher standard than anybody expects of you. Never excuse yourself." Henry Ward Beecher

SAFE SEX

"This is the only safe sex that I am aware of."
Phil Chalmers

Half of you reading this book are involved, right now, in sexual activity-well, hopefully not right now while you are reading my book. LOL! But some of you are currently living a lifestyle that includes sex with another person. The other half of you are either considering entering into a sexual relationship or you have chosen to save sex for a later time. All of you need to read this chapter very closely because what you read in this chapter could actually save your life!

I just want to let you know that there is no such thing as safe sex. Well, except for the photo above of two safes having sex! LOL. There is "safer" sex, but not safe sex.

Condoms do not provide you the option of safe sex. There are over 30 sexually transmitted diseases, and condoms do not stop the spread of some of those diseases. One of those diseases that condoms do not protect you from is HPV, the Human Papalova Virus. This disease can be passed from one person to another while having intercourse, taking part in oral sex, or even using a condom. Condoms do not protect you from HPV because HPV is a skin disease, not a body fluid disease, and it is a viral infection. Getting HPV can lead to genital warts, which can make your life very uncomfortable. Or even worse, HPV can lead to cancer, both for guys and ladies, which can kill you. I bet you never heard that in the latest LMFAO or Rhianna song! HAHA

If you have made the decision to take part in sexual activity, you could have a disease right now. Many of these STD's can lie dormant in your body for up to one year, and while you think you are clean, you are actually passing an infection to your other partners. The same can be said for your boyfriend or girlfriend. Even though they may tell you they are disease-free, the truth is they really don't know if they have a viral infection. And guess what? That means that you now have it as well. Taking part in sex before you are in a committed relationship is stupid and ignorant, can result in pregnancy, disease, and death. It can also result in shattered dreams, broken hearts, and the end result at times can be suicide and even homicide.

On the flip side, making a decision to wait to have sex until you are in a committed relationship, which in my opinion is marriage, is the safest and most healthy option. If you choose to partake in sex and ignore what I'm saying, I won't say I told you so, but you will see that I was right. Making a choice to save sex for marriage will add joy to your life, peace, and will make you a happier person. It will also keep you free from unwanted pregnancies, dangerous infections, and keep you from being the victim of a homicide, which sometimes happens when young ladies have sex with a bad guy and try to break up with them.

When I was growing up, I thought sex was part of becoming a man, and nobody taught me growing up that the wise choice was abstinence. My wife, on the other hand, saved her virginity for her wedding day, which is so romantic. How cool is that? My wife saved herself for me! If you want your wedding day to be special, and if you want to live a life with no regrets, make a choice today to live the pure lifestyle and save yourself for marriage. And remember, ladies, in my experience, if you allow someone to take your virginity, or if you choose to give yourself to another person, and you go all in, the chances of that person sticking around are very, very slim. What the guy is thinking is that although he will enjoy your body and take advantage of this opportunity, ultimately he is thinking that you are not wife material, and if you are willing to give it up that easy, you have probably done this before. He will make the decision at that moment that he will not be seeing you waking down the aisle wearing a white dress, and instead, will continue his search for "Mrs. Right."

And ladies, if a guy has sex with you and gives it up quickly, he has probably done this before as well. In the guy world, we call him a man whore. And both guys and ladies must keep in mind that if you have sex with another guy or girl, you are also having sex with all of their past partners. And you are also having sex with their partner's partners, and on and on. Sex isn't all it's cracked up to be, and most will tell you that they wished they would have waited longer to have sex, when they were in a committed relationship. Sex is not safe, and if you want to do it right, you should save sex for a committed relationship, which would mean marriage. Make the commitment to a pure lifestyle, and be strong. And don't put yourself in a situation where you can fall. And if someone ever takes sex from you, be it a family member, friend, boyfriend, or girlfriend, this is a crime, and you should contact the police immediately. Be smart!

TRUTH: THERE IS NO SAFE SEX, AND CONDOMS ONLY MAKE SEX SAFER. THE ONLY SAFE SEX IS ABSTINENCE!

LIE: I WON'T GET A SEXUALLY TRANSMITTED DISEASE AS LONG AS I'M CAREFUL

"Sexually active teens are four times more likely to contract a sexually transmitted disease than to become pregnant, and three million teens contract a sexually transmitted disease every year."
Abstinence speaker Pam Stenzel

Condoms aren't completely safe. A friend of mine was wearing one and got hit by a bus.

glitters.layouthive.com

Condoms are not as safe as you think

Ah yes, the famous "it won't happen to me" mentality. Many of those who have said this in the past have STD's, cancer, or are dead. You see, if you are having sex with another person, outside of a committed marriage relationship, you are in danger of catching a sexually transmitted disease. There is no being careful because you have no idea who has these diseases, and many of you have no idea how easily these diseases are spread. Using condoms doesn't stop the spread of many of these diseases and thinking that your partner doesn't have a disease is also flawed thinking. There are many people who have these diseases and don't know they have one. It can lie dormant in a person's body for up to one year without you knowing you have a disease.

And all the while, you are having sex with other people, telling them you are "clean." The same goes for the people having sex with you. You thought they were disease free, but they just didn't know they had a disease, and now you have it as well.

The number of teens who have a sexually transmitted disease is staggering, and 1 in 5 teens who are having sex have an STD. Remember, the only safe sex is abstinence, and the only way to guarantee that you don't catch a potentially deadly sexually transmitted disease is to abstain from sex until you are married. Also, to continue to be safe, you should marry a person that has not slept with half of the school, or half of the college, and one who will be committed to you and will not be cheating on you after marriage. Many catch a sexually transmitted disease while they are married from a cheating spouse. Do your best to marry a person that has also lived the pure lifestyle like you have and who has respected themselves as well to wait until marriage. Then, you can enjoy a sexual relationship in marriage that will last a lifetime, and you won't have to deal with genital warts, HPV, or cancer. And you won't ever be in danger of passing these diseases to your beautiful children. And if you think these diseases are a joke, do some research. Visit the health department or look these diseases up online. Usually, you can find photos of these diseases online, so you can at least know what you are in for if you keep living like a hooker! It's not worth it, and it CAN happen to you. Make the choice now to live the pure lifestyle, and if you have been sexually active, consult a doctor and take a blood test to make sure you do not have a deadly disease or virus. You are worth it!

TRUTH: 1 OUT OF 5 SEXUALLY ACTIVE TEENS HAVE A DISEASE, AND THEY SAID THE SAME THING!

LIE: LOSING YOUR VIRGINITY AND HAVING SEX MAKES YOU A MAN

"To get nowhere, follow the crowd."
Charlie Brown

"Having sex just means you are male and have the proper equipment...the same goes for a cow!"

Although I understand this mentality because I am a guy, and I was once a confused teenager, this is flawed thinking. And quite frankly, this is selfish thinking. Taking advantage of a young lady, someone's daughter, to make yourself a man is a lie! Having sex does not make you a man! Having sex basically means you are a male and have the proper equipment to have sex. This is no different than your dog "Fluffy" who also can have sex. Same goes for the horses or cows in the pasture. They have sex as well because they are male, but that doesn't mean they are men. Please don't high five your dog and celebrate with Fluffy. HAHA

If you want to be a real man, then pay close attention to this paragraph. Real men respect other men and want to be treated with respect. Real men also respect women. Real men view women as extremely valuable, precious, and esteemed. Maybe you don't know what esteemed means, but it is similar to honor, respect, or value. You see, if you are a real man, you will quickly realize that sex is very personal and what you are taking from these young ladies is something very precious, very valuable, and meant for their future husbands. Real men don't steal something that valuable, but instead realize that this young lady is someone's daughter, someone's granddaughter, someone's future wife, and someone's future mom. A real man would never want someone to take advantage of his sister, mother, or future wife, so they understand the consequences and realize that they must treat others like they want their own family to be treated.

And one last thing guys, maybe you don't value sex and see it as something extremely private, extremely personally, and quite frankly, something that lasts forever. If you read the bible, it actually describes sex as becoming "one flesh" with another person. You see, when you have sex with a female, you actually become one with her. That is why you see these crazy couples in your school who hate each other, break up with each other every week, and continue getting back together, only to have sex again. They don't understand that they are bound together spiritually because they took their relationship to a physical level, and even though they don't belong together, because of that connection, they have trouble leaving each other and moving on. Many more negative things will appear in their relationship if they continue with this madness, including physical abuse, emotional abuse, and even possibly suicide and homicide.

As an afterthought, have you guys ever thought about this weird fact that human beings are the only species that have sex with each other while facing each other? They are able to look into each other's eyes. The rest of the animal species have sex facing away from each other. I believe God intended for this sexual experience to be so intimate, so personal, that he created us anatomically so that you and your sexual partner could look into each other's eyes while having sex. Pretty deep, wouldn't you say? One last thing, real men would never make their women do something that would hurt them or make them feel uncomfortable. Don't try to re-enact these crazy scenes you see in porn with your precious young lady because most porn stars are doing whatever they can to make money, most to support a drug habit. Your precious, beautiful young lady is not a porn star, so don't treat her like one! So, are you a human being, guys, or are you a flippin' cow? LOL

TRUTH: ACTUALLY, IT JUST MEANS YOU ARE A MALE AND HAVE THE PROPER EQUIPMENT. NO DIFFERENT THAN A DOG OR A COW!

LIE: GIVING UP YOUR VIRGINITY TO A GUY WILL MAKE HIM LOVE YOU

"Love, if fickle, it goes away. But Herpes is here to stay. And AIDS will feakin' kill you!"
Anonymous

Abstinence is very romantic

Ladies, ladies ladies! Come on, ladies, let me wake you up. Let me slap you really hard and get your attention! Do I have your attention? First off, let me remind you who I am. I have nothing to gain by speaking to you in this book. I do not want your money, and I'm not trying to "score" with you. In more street terminology, I'm not trying to get into your pants or take advantage of you. Do I have your attention now? I am simply a guy who cares about you even though I probably don't know you personally. The truth is I deeply care for you and want to see you have the best life possible, full of peace, love, fulfillment, and joy. So, listen very carefully to what I'm going to tell you. And take it to heart, because this next paragraph could change your life.

Ladies, having sex with a guy will not make them love you! I know it seems like it would be a great thing to do, give up your body to a guy, please him, and maybe even rock his world. And then, if you do a great job, you will keep him forever. Well, this is not how guys operate. Do you want to scare a guy away? Let him undress you and have his way with you as fast as possible. He may stick around for a weekly booty call or call you months later and hope to keep a "friends with benefits" relationship with you, but quite frankly, all he wants to do is get off. He wants to use you for his next orgasm. You see, you are a little bit more exciting than sitting at his laptop and pleasing himself. Taking off your clothes, giving away your virginity, and allowing someone, sometimes a total stranger, to take a very precious part of you is insane! And I can assure you that it is definitely not love. If you choose to allow this to happen to you, a lot of bad things may come your way, and plenty of negative baggage will be with you for the rest of your life. Not to mention a possible sexually transmitted disease or an unexpected baby. This bad decision could affect your future marriage, your future kids, and it could haunt you twenty or thirty years down the road.

So, how do you get a guy to love you? Definitely not by undressing or having sex with him. And definitely not by texting nude photos of yourself to him for him and his friends to masturbate to. When you do these things, a guy will think to himself, "Hmmmm, she is not going to be my wife because that is not the type of girl I want to marry, but for now, I can use her as long as she will let me. Then when I get bored, or she starts talking about getting serious, I will dump her and move on to something new and exciting." You must get a guy to love you for you and not for your body. Once a guy loves you for you, you can relax and just be you with no pressure to have sex. When you meet a guy from now on, when you start to get serious, you should tell him up front that you are a positive person who lives a pure lifestyle, and you have chosen abstinence as a way of life. And if he really loves you, and sticks with you, and one day walks you down the aisle, then, and only then, will he get to experience your hot body. The guys will either fall down trying to run away or hug you and say that you are the type of girl they have been searching for. And don't waver on your decision! Some guys will tell you that they respect your decision but within weeks will begin the quest to get into your pants. Be sure to stick to your decision. And if a guy sticks around and respects your decision to be pure and loves you for you, he is a keeper. Imagine how special your wedding day will be, or should I say, your wedding night (wink). I know you can do this, and you will respect yourself for making this commitment. And your future husband and kids will also thank me someday for giving you this smart advice.

TRUTH: ACTUALLY, HE WILL LEAVE YOU. HE WILL THINK YOU'RE EASY AND MAKE THE DECISION THAT YOU ARE NOT WIFE MATERIAL.

LIE: THE DEFINITION OF SEX IS GOING ALL THE WAY, OR INTERCOURSE

"If you refuse to accept anything but the best, you'll get the best. Begin to live as you wish to live."
Anonymous

The parts covered would be considered the sexual areas, in the event you are a tad slow

When it comes to sex, many young people are not sure what sex is. Some people think sex is "going all the way." Many are confused as to what constitutes sex, including our past president Bill Clinton. Maybe you don't remember that story, or maybe you were too young when it happened, but our former president took part in oral sex with one of his interns and told the media that he "did not have sex with that woman." So, did he have sex with her, or not? I've heard many teens say that they are still virgins even though they have had sexual relations. Some say they only had oral sex, and some, who are extremely crazy, say they did not have "regular" intercourse, but instead had anal

34

sex to protect their virginity. Wow, that's not just crazy thinking, that's insane!

Any form of sexual contact with another person is sex. Let me be more specific-any genital contact with another person is sex. Not sure what genital contact is? Well, pretend a guy and a girl are on the beach, and the guy had a typical guy's bathing suit on, and a girl has a bikini. Any contact with those body parts covered by the bathing suit would be sexual contact. Does it get any easier than that? You still don't get it? Do you need me to draw you a flippin' picture? Look at the photo above.

So, genital contact with a hand, mouth, or penis is considered sex. Sexual touching, petting, oral sex, and any kind of intercourse are considered sex. And all of these go against the lifestyle of purity that I'm trying to get across to you. Don't think these acts are sex? I think we can all agree that intercourse is sex, but maybe you are not on board with touching or oral sex. Let's imagine that your married mother is at work, getting a little too cozy with a fellow male co-worker. I know, this is a bit creepy, but work with me! And Mom is in this guy's office, with the door closed, and he begins kissing her. That alone would make your father pretty upset, but things continue. And let's say they don't go all the way, but maybe they take part in oral sex, or maybe they touch each other's genitals. My question to you is, did Mom cheat on your dad? Or a better question is did your mom have sex with her co-worker? Using some of your blurred thinking, you would say they didn't have sex because they didn't go all the way. But you and I know one thing is for sure, they had sex, and your mom cheated on your dad. The same guidelines apply to you.

Over the years, I have spoken to teens about sex and have used several illustrations to explain why any form of sexual activity can be dangerous and can quickly lead to intercourse. And as you know, intercourse can lead to pregnancy, disease, broken hearts, and shattered dreams. Some young people don't understand why making out, touching each other, laying on top each other on the couch, is not that big of a deal. But the truth of the matter is these things lead to sex. So, if you want to live the pure lifestyle, you must steer clear of these types of sexual activities. If you don't, you will quickly find yourself having intercourse, and you will wave goodbye to your virginity. The first point I want you to understand relates to kissing. There are two types of kissing. The first is a harmless kiss and could be a quick kiss on the cheek or even the lips. Sort of like a good-bye kiss. A quick smack, as they say. This type of a kiss is pretty harmless, and this is how I kiss my wife goodbye or how I kiss my little boy when I return home from trip. He loves giving Daddy a big kiss. But there is another type of kiss, and this is a kiss that precedes inter-course. This kiss is when you kiss for a longer period of time, and you use your tongue. Let's call it tongue kissing. And usually this kiss lasts much longer than a quick peck on the cheek. This kissing has a message, and the message is I want to have sex with you or I want to make love with you. I don't come home from work, throw my wife on the counter, and kiss her with my tongue for two minutes, then ask what's for dinner and walk to my office. That would be kinda weird. Making out, with your tongue, is a pre-req-uisite for sex. It prepares your body for intercourse. And following making out usually is touching each other and other sexual activities. All of these things prepare you and your body for intercourse.

In the same thought, using baseball as an illustration, imagine you are on the baseball field. You are swinging a baseball bat at home plate. When you hit the ball, do you run to first base first, or do you run to third base? Obvi-ously, you run to first base, then to second base, then third base, and finally, you dive for home. You can't run half way to first, turn around, and dive for home base. You first must run the bases. The same goes for sex, and it's the way you were created. Using first base as kissing, second base as touching each other, third base would be heavy petting, and home would be intercourse. Your body is designed to round the bases before you dive for home. And to round the bases and not run home would be kind of weird. So, if you don't want to run home, my advice is to be careful about rounding any of the bases because before you know it, you could be standing on home plate and be a little disappointed that you really didn't want to go all the way.

Another great example is a coal-burning train. Have you ever seen an old-fashioned train and seen the steam blowing out the top of that monster? On the inside of the first train, the engine, you would see guys shoveling coal into a furnace to make the train move. And that train slowly starts moving, chug, chug, chug, and after a short while, it gets moving pretty fast and flies down the tracks. But, if you step out in front of that train, in case you didn't know, a train has a hard time stopping. It takes a half of a mile, or sometimes a mile, for a train to stop. It just doesn't happen quickly which is kind of like sex, when you think about it. When you begin making out, touching each other, petting, and partaking in oral sex, it will be very hard to stop the runaway train because the engine is running at top speed. The train is moving fast, and the engine is making a lot of noise. So, the next time you begin fooling around, I want you to hear, in the back of your mind, me screaming "All Aboard!" LOL. That will surly ruin the occasion.

Okay, are you with me? I hope you understand where I am going with this. You see, I want you to have a healthy sexual relationship with your future spouse. I want you to live the pure lifestyle now, so your wedding day will be extra special. I want you to be safe now, so you don't have to explain to your future spouse why you have HPV. And I want you to grow up and experience true love, real peace, amazing sex, real joy, and real happiness. Most importantly, I want you to know that I care about you, and I'm an email or a Facebook message away. Are you with me? Great! Now, tell your Mom to stop cheating on your Dad and move on to the next Lie!

TRUTH: SEX IS MORE THAN INTER-COURSE. ANY GENITAL CONTACT WITH ANOTHER PERSON IS SEX, INCLUDING A HAND OR A MOUTH!

LIE: SEXTING A NUDE PHOTO OF MYSELF TO MY GIRLFRIEND OR BOYFRIEND IS KIND OF SEXY

"Sending nude photos of yourself is child pornography, and you are actually committing a felony by sending those photos. Basically, you will have become a sexual predator. Charming!"
Phil Chalmers

Sexting is actually distributing child pornography

I can't believe I have to address this in my book, but unfortunately, in every city I visit, the schools and the police are telling me about a problem they are having, and it's mostly with females. The problem is young ladies sending nude cell phone photos of themselves to guys, and the photos are accompanied with shocking messages, like "I will do this to you if we can hook up tonight" and "I want to f**k your brains out." My first reaction was unbelief, but unfortunately, this is now a real issue. Ladies, I can't believe you have stooped to this level and have lost so much respect for yourself that you would do this. And I don't care who is asking you to do this, it is crazy! So, let me get right to the point, both ladies and gentlemen.

Honestly, do you really feel this bad about yourself that you would cheapen yourself in this way? I'm shocked by this behavior. You see, in my day, the LAST thing you would want were nude photos of yourself being spread around the school. But I guess in today's "porn age," it's cool to have nude pictures of yourself floating around the school. You're kind of like a little local porn star! The sad thing about these photos is they never go away, and people will save them for years. They will come back to haunt you when you get older and you have kids of your own. Do me a favor and don't EVER take another nude photo of yourself, and NEVER AGAIN send one to another person. I'm begging you to do this not for me, and not even for you. I'm begging you to make his choice for your future kids. And maybe your mommy didn't hug you enough growing up, or Daddy didn't tell you enough he loved you, but I'm begging you to respect yourself. And I'm telling you I care about you, I love you, and I want to see what's best for you. And what's best does not include sexting photos of yourself to others in your school and community.

Not only are these actions "slutlike" and "whorelike," but they are actually a crime. Sending nude pictures of yourself if you are under 18 is actually a felony, and it is an act of child pornography. You can be charged with a felony if you are caught, and those who receive these photos can also be charged if they resend them to others, which they will. How low have you stooped to? You are now a child pornographer and a sexual predator. You know, those creepy guys caught with photos of little kids on their laptops? That is now you. Ewwwww!

TRUTH: SEXTING IS A FELONY CRIME AND A FORM OF CHILD PORNOGRAPHY. IT WILL ALSO RUIN YOUR REPUTATION AND EMBARRASS YOU IN FRONT OF YOUR FUTURE CHILDREN!

LIE: DRESSING SEXY WILL GET A GUY'S ATTENTION

"I seen her running down the road so I started running after her and I was hollering for her to stop, and when she wouldn't, I shot over her head. I kept running after her and then she tripped, and she was trying, like, resisting, fighting me, so I throwed her to the ground. That's when I shot her in the head."
Serial killer David Gore, explaining how he killed one of his teen female victims

Serial Killer David Gore, who kidnapped, raped, tortured, and killed several women

Ladies, dressing sexy will get a guy's attention. If you walk half naked through the mall, you will stop guys in their tracks to take a look. This is a natural thing for guys to do because it's how we are wired. Every guy appreciates a cute, sexy young lady. But there is a difference in having guys look at you because you are cute and pretty and having guys look at you like a piece of meat, thinking they would like to do you! If you really want a guy's respect, it's better for him to appreciate you for your brain and not for your breasts or other body parts. Dressing like a prostitute will get you treated like a prostitute-pimp slapped, if you know what I mean. But it will never get you the kind of respect you deserve, and quite frankly, you need. I do an illustration in my school assembly where I compare ladies to two different vehicles, a pick-up truck and a Lamborghini. I tell the ladies that they are either one or the other, a pick-up or a Lambo. The pick-up is cheap, and the Lambo is very expensive. So which one are you? Are you classy, or are you cheap? If you are cheap, like a pick-up truck, then go ahead and stroll through the mall half naked, and you will be treated accordingly. If you are classy, like a Lamborghini, then act accordingly and dress classy. Then, you will be treated with class. Have you ever seen a Lamborghini hauling manure on a farm? Or hauling firewood on a freeway? Never! You know why? Because you don't treat Lamborghinis like that. Nor would you use a Ferrari to haul someone's nasty used mattress. These cars are classy, expensive, and to be respected. They are stored in heated garages and covered with nice warm blankets. But pick-up trucks, that's another story. Pick-up trucks are made to be used, abused, and thrown aside when they are worn out. You can carry manure, mulch, firewood, or whatever, and they are usually kept outside. Do you want to be cheap and treated like a pick-up? The way you talk, act, and dress will determine how you are treated. And not only will you be mistreated, but it could be deadly and cost you your life.

You see, when you get a guy's attention dressing sexy or walking half-naked, you not only get the guy's attention you are trying to get, but also the bad guy's attention. You also get the attention of the serial killer, the sex killer, the sexual predator, the child molester, the rapist, and the violent gang members. And when they notice you, because you stand out

43

from the crowd, you are sending them a message that "you want it." And you just may get them interested. They may follow you out to your car or follow you home. And when you least expect it, they strike, grabbing you, kidnapping you, raping you, torturing you, and many times, killing you! And you thought that you just wanted to be sexy, but, like the fate of MANY young ladies who were abducted, raped, and murdered, you could end up dead as well.

You sometimes see celebrities like Britney Spears walking half naked out on the town, clubbing or whatever, but what you don't see are the armed bodyguards escorting these celebrities. They would never dream of going anywhere without bodyguards. The same can be said for so-called tough rappers. You rarely see rappers like 50-cent go anywhere without security and bodyguards. But you, oh man, you are walking half naked at the mall, Wal-Mart, or in your neighborhood, and you have no idea how dangerous that is. Let me tell you a real life story about a serial killer named David Gore. Here is how easy this happens.

One day, serial killer David Gore was driving in a pick-up truck with his cousin and picked up two teen girls who were hitchhiking on a beach in Florida. Those two girls were both dead by the sundown. In another instance, Gore and his cousin scouted women they would like to kill on the beach and watched where they parked their cars. They would disable the car, and when the women walked back to their cars and they would not start, they showed up and offered to help and even offered to give them a ride to a repair shop. A beautiful mother of a teen daughter was one of those victims and was brutally raped and murdered later that night.

Now, as scary as this story is, it is a reality and happens more than you think. Many young men and women lose their lives each year in this country. So, if this ever happens to you, what should you do? What do you do when someone grabs you outside the mall, puts their hand on your mouth, maybe holds a knife to your side, and tells you not to scream, to come with them, and that they are not going to hurt you? If you do what they say and go with them, you will probably be raped, tortured, and murdered. My recommendation is to roll the dice and take your chances while you are still in public. Punch, kick, scream, scratch, fight, fall down, and make a scene and act as crazy as you can. But whatever you do, DO NOT LEAVE A PUBLIC PLACE, DO NOT LEAVE YOUR HOME, and NEVER GET INTO A STRANGERS VEHICLE. Never, Never, Never! Be smart, trust no one, and never let a stranger take you somewhere. Unless it's police officer with a marked police car, trust no one.

TRUTH: DRESSING SEXY ALSO GETS THE ATTENTION OF GANG MEMBERS, RAPISTS, CHILD PREDATORS, AND SERIAL KILLERS. BASICALLY, IT CAN GET YOU KILLED!

LIE: DATING THE BAD BOY AT SCHOOL OR IN MY TOWN IS KIND OF EXCITING

"The bad boy you are dating could be a real bad boy, and if you decide to have sex with that bad boy and then leave him down the road, he could decide if he can't have you, nobody will. Sometimes the bad boy is really a bad guy."
Phil Chalmers

Bad Boy Nate Fujita and his deceased girlfriend

This is one of the biggest mysteries to me, and one I think I will never understand. Why nice young ladies have numerous guys to choose from, and they look past the nice guys and choose guys that are idiots, disrespectful, mean, and well, basically not very nice. I think many young ladies are so caught up in this whole "thug" and "rap" thing that they think the bad guys are sexy, dangerous, exciting, and kind of a forbidden pleasure. All I can say, young ladies, is pay very close to this next paragraph if the person I have described is you.

46

Ladies, dating these bad guys may sound like a good idea for you. Let me describe what your life will look like if you make this decision and at least you can plan for your future. It is a fact that you WILL have sex with this guy because the supposed "bad boy" is really a little boy and very immature. He has not been raised by good parents or he strayed from the teachings of his parents and grandparents and has decided to live life by his own terms. So, you will have sex with him and probably get a disease or, very possibly, get pregnant. And if you think this guy will stick around when you get a disease or pregnant, think again. Imagine your life raising a child by yourself, with no father in your child's life and no financial help from the father, or should I say, the sperm donor. These bad boys are really immature boys and will not be able to find a good job to support the child, and even if they did, they will do whatever they can not to give YOU the money. Then, for the next 18 years, you may have to interact with this bad guy, even if you finally get your life together and are now married to a good guy. You will forever have to deal with this dangerous thug. And, God forbid, should this "bad guy" decide life is no longer worth living and decide to end his life, many times he will kill you and your child before killing himself. Many times these guys continue to purse you, and when you reject their advances, they decide that if they can't have you, nobody will have you. And many times, they end up killing you, and sometimes your child. Now doesn't that sound exciting, dating the "bad boy?"

On top of this whole scenario, you will be treated like sh*t. You will be physically abused, possibly sexually abused, verbally abused, and mentally abused. He will knock you around, threaten you, treat you like his property, and won't allow you to speak to your family anymore, nor will he allow you to have friends anymore. You will spend your time with him, and he will become very jealous. And he will always think you are cheating on him because he has a very low self-esteem, so he will never think you are faithful. This will result in you being treated like a prisoner, a slave, or his property. Eventually, he may tire of you wanting to spend time with your family, your friends, or even a guy from work, and may severely beat you, or in the end, may just kill you. Still want to date the bad guy? Before you do, say goodbye to your family and friends, make sure your will is in order, and buy lots of cover up. You will need to hide the bruises from family, friends, and co-workers. And those famous words from boxing should be ringing in your head right now, "Let's get ready to rumble!" And read the following story about a beautiful girl named Lauren and her abusive boyfriend, pictured above.

In 2011, 18-year-old Nathan Fujita was trying to rekindle his relationship with his ex-girlfriend, 18-year-old Lauren Astley, who had dated him for three years. Fujita was a good looking guy who was a football star and a track star on his Massachusetts high school football team. Both had recently graduated from high school, and after dating for three years, Lauren broke off the relationship. Fujita began texting Lauren and asked her to stop over to his house after she got off work. Her last text to her ex-boyfriend was simply "here," letting him know she had arrived. A few hours later, she would be strangled with a bungee cord and had her throat cut with a knife. He lured her to his home, and since he decided if he could not have Lauren, nobody would, he killed her inside his home, loaded up her dead body into the back of his Honda CRV, and dumped her body into a swamp. He then ditched her vehicle. He then called his parents and planned a movie night, but Lauren's mangled body laid in a cold, dark swamp until found by a passing bicyclist.

Criminal Profiler Pat Brown, one of my favorite pro-filers, had some great advice to those of you reading this book, so pay close attention to the following words of advice: "The brutal murder of Lauren Astley is a sad case of a young woman being too nice. She is exactly this kind of person a psychopath looks to lure in, to control, to possess, and, if she ever wants to be free of their relationship, to kill." Then, she continued, "For all young women and their families, they need to stop accepting anything but good behavior from their boyfriends-respectful and considerate and nonviolent. If he cannot act this way, he needs help, but not his girlfriend's help or her family's help. Girls should take a good long time before they get into a romantic relationship and even longer before they get into a sexual relationship. If the guy is a psychopath who wants to control her, he won't wait around." She also suggested that once a relationship is over, women should not give into pressures from their exes. She warned "If, like Lauren Astley, a young woman breaks off a relationship only to be asked for another chance or for a meeting to get closure, she should not give in. This request is yet another sign he does not respect her feelings; it is a manipulation that may get her killed."

TRUTH: IF YOU THINK EXCITEMENT IS GETTING BEAT, CHEATED ON, RAPED, OR MURDERED, THEN DATE THE BAD BOY. THE BAD BOY IS BROKEN, AND MY SAYING DESCRIBES HIM, "HURT PEOPLE HURT PEOPLE."

DRUG AND ALCOHOL LIES

LIE: SMOKING CIGARETTES MAKES YOU LOOK GROWN UP AND COOL

"1200 Americans stop smoking everyday…by dying."
Phil Chalmers

Tobacco is a deadly drug that can cause a slow, painful
death by cancer

The very first drug most people start with is tobacco,
smoking cigarettes, or chewing smokeless tobacco.
This is called the gateway drug for a reason, because if
you are stupid enough to breathe cancer-causing materials
directly into your lungs, on purpose, repeatedly, over and
over, you are probably stupid and insane enough to begin
breathing drugs into your lungs and into your bloodstream.
Eventually, you will graduate to the next level of drugs,
usually marijuana, and move on to harder drugs next, like
prescription meds, crack, meth, cocaine, or heroin. Let's
jump back to the first drug most people experiment with-
tobacco.

Tobacco is pretty widely accepted as a non-dangerous
drug because it really doesn't affect the brain and the deci-
sion-making process. And even though this is true, you
must be aware that it DOES affect your health and the well-

being of your body. You see, one of the worst ways to die, besides getting run over by a beer truck or cut in half by a speeding train, is to die of cancer. It's a slow, painful, and uncomfortable death. I always look at people smoking cigarettes and think they are slowly committing suicide. But, instead of using a gun or a rope, they are choosing the slow version, which usually takes 20 to 40 years. Does smoking kill everyone? Absolutely not, but your chances of getting throat cancer, brain cancer, lung cancer, bone cancer, and cancer of your internal organs goes way up. The worst part is once you start smoking, and you get addicted, it's very hard to stop, and the damage you are doing to your body is not reversible. Before you begin smoking, take a tour of a cancer ward. Look at the pain in the patient's faces. Watch the look on the faces of the young children, scared to death that their mommy and daddy are slowly dying, and they will lose the only mommy and daddy they know. Stand in the hallway and listen to the conversation, the sobbing, and the labored breathing of the cancer patient, slowly dying. If that is the kind of place where you want to spend your later days, then light one up. You can spend your hard earned money on those cancer sticks as I call them, or I've heard others call them coffin nails.

The good news is you will earn points as you buy each pack, and eventually, you can win the Marlboro duffel bag. That will come in handy as a place to put your street clothes as they wheel you into the cancer ward. Use your noodle and say no to drugs!

TRUTH: TOBACCO IS ONE OF THE MOST ABUSED DRUGS AND CAN LEAD TO CANCER OF THE BRAIN, LUNGS, AND THROAT.

LIE: DRUGS AND ALCOHOL MAKE LIFE MORE EXCITING

"The way we were going…we knew either death or prison was in our near future. I only got involved in meth for a short amount of time, but it dug its claws into me so fast and so hard it scared the shit out of me."
Chumlee, star of the hit show "Pawn Stars," talking about his meth use with his friend Corey from the show

Chumlee, star of the A&E hit show "Pawn Stars"

The most abused drugs in America, at the writing of this book, are as follows:

1. Tobacco
2. Alcohol
3. Prespriction Drugs
4. Meth
5. Marijuana
6. Ecstasy

7. Crack
8. Heroin
9. Steroids
10. Inhalants.

I can promise you one thing-if you make the terrible choice of experimenting with drugs and alcohol, you will run the risk of living a life filled with pain and torment. You will also jeopardize your health and will commit social suicide, losing your friends and family in the process. Basically, you will lose everything and run the very real risk of dying at a very young age. If you want to catch a glimpse of what your life could look like in the future before you take that drink, puff, pill or that first hit, read the next paragraph.

Imagine a life with no family, no freedom, and lots of time at hospitals. If you choose to use drugs or alcohol, the risks of you becoming hooked, or addicted, are very high. Once you become an alcoholic or a junkie, things will start to disappear around you. You will lose your job, your career, your family, and your great friends. You will probably lose the place where you live, be it on your own or with your family. Basically, eventually, you will lose everything except your fellow drug-addicted friends. Drugs will speed this process up as this will all unwind quicker with drugs than alcohol, but both choices are a means to the end-self-destruction. Eventually, when you lose your job and your home, you will have to work the streets to survive or let someone take advantage of you so you can live for free and still have your drugs. This is where people become homeless, live in crack houses, or those nasty motel rooms, with piss and feces everywhere. And since you will never be able to keep a job, you will now begin to get creative with ways to earn a living-think burglary, robbery, selling drugs, and prostitution. You will have sex with disgusting strangers for as little as $5 or $10.

We all know where these options are leading you ultimately, and the ultimate conclusion will probably be jail, prison, the hospital, and eventually, the morgue. I know you never think it will be you, but listen closely; this is what EVERYONE says before they take that first crack hit or meth hit. But you will hit bottom quicker than you can say "I'm tweeking." Crack users call the crack pipe "the devil's d**k (penis) because when you begin smoking crack with a crack pipe, it's so bad, it's like having sex with the devil. One hit and you are hooked. If you have already experimented with this poison, and if you are already addicted, you need to run the other direction, break away from these bad influences you call your friends, and get into treatment. You need to grab onto your family and hold tight because these are the people who really care about you. Don't let go, because you are in the fast lane to HELL ON EARTH. Say no to drugs, and say no to becoming a crack whore. You can do it, and if you need my help, you know where to reach me.

These two new wonder drugs-crack and meth-are killing and destroying an entire generation. Meth is very addictive and very accessible since it can be made at home. Cooking meth in your own home, or in your garage, can be extremely dangerous and very well could explode and create a fire. This drug is extremely dangerous to manufacture due to the chemicals it contains. Some of the chemicals used to manufacture meth include lantern fuel, anti-freeze, battery acid, and drain cleaner. Imagine drinking battery acid or drain cleaner? Can you just imagine what that would do to your body? When you smoke meth, you are consuming these dangerous chemicals. That is why you will become very ill, you will lose your teeth (these chemicals destroy your teeth), and you will eventually die a pitiful death. On top of all of these terrible consequences, your skin will break out with rashes, making you appear very sick and scary looking.

One of the most abused drugs in America is alcohol and is the most widely acceptable drug in our country today. It has gone mainstream, and the beer commercials make alcohol look so fun. Due to the culture and how alcohol is depicted in today's movies and music, some teenagers think a party isn't a party without alcohol, whether it be beer, mixed drinks, or wine coolers. But there is a dark side of alcohol, and many teens can easily become alcoholics. Alcohol can also kill you, be it alcohol poisoning or alcohol involved car accidents. Over 3000 teens die every year due to alcohol-related accidents. Don't get involved with alcohol, don't drink and drive, and get out of a vehicle that is being driven by a friend who has been drinking. This brave move could save your life.

<u>TRUTH: ALCOHOL KILLS 3000 TEENS EVERY YEAR, AND SUBSTANCE ABUSE WILL ROB YOU OF YOUR HEALTH, YOUR TEETH, YOUR FAMILY, YOUR FREEDOM, AND EVENTUALLY WILL KILL YOU!</u>

LIE: HUFFING IS A SAFE AND CHEAP WAY TO GET HIGH

"Inhalants are toxic, and chronic exposure can lead to brain damage or nerve damage, similar to multiple sclerosis. It also causes damage to the heart, lungs, liver, and kidneys."
Parents. The Anti-Drug

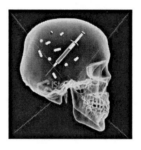

Huffing actually melts your brain by
dissolving brain tissue

Over one million teens are choosing the cheaper drug alternative by inhaling or huffing dangerous chemicals like paint thinner, propane, cleaning solutions, gasoline, paint, white out, and bath salts. Although these chemicals will give you a high, the effects of these drugs are unpredictable and very harmful to your health. Actually, what happens is when you breathe in these dangerous chemicals, it actually dissolves your brain matter. You are actually melting your brain, which is not a very good idea! You can always tell a huffer by the way they act. Usually, they can barely talk, barely walk, and they are a complete mess. This type of drug will destroy your body, destroy your mind, make you very sick, and eventually kill you!

TRUTH: THE ACT OF HUFFING WILL MELT YOUR BRAIN, AND A MIND IS A TERRIBLE THING TO WASTE! LOL

LIE: SELLING DRUGS IS A GREAT BUSINESS, AND THE MONEY IS UNBELIEVABLE

"When a homicide team pulls up to a murder scene, their first reaction is drug-related until they get more details. That is how dangerous selling drugs really is."
Phil Chalmers

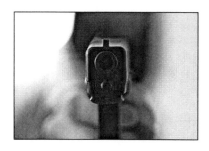

Selling drugs is a very quick way to get yourself killed

One of the deadliest occupations in America is selling drugs. If you want to die young, this is the business for you. Do you have any idea how many bodies are stacked in the morgue due to drug dealing? Thousands and thousands in the last year alone! Many, many young men have been murdered because of the drug trade, and sadly, many young women as well. If you feel like you must sell drugs to make big money, I implore you to find another occupation. My friend, rapper LG Wise, tells people that if you are a drug dealer, that is not really your calling. Actually, you are a business man or a business women, and you really just don't know who you are yet. You are taking a God-given gift of business, or sales, and using it to hurt others, or quite frankly, kill others. And in the process, you are putting your own life in jeopardy, as well as the life of your friends, relatives, family, girlfriend or boyfriend, your parents, and obviously, you are putting your own life in grave danger. It is common knowledge that the best way to get yourself killed is to sell drugs. Don't believe me? Ask ANY homicide detective, and I promise you, he or she will agree with me. When a homicide team shows up at a murder scene, their first thought is drug-related unless it can be proven otherwise. Many, many young men and woman are found lying in the street, blood running down the sidewalks, because they thought selling drugs was a good idea.

But there is another side of the story: the destruction of your customers' lives. Every time you sell a customer a drug, you are robbing that person of something. And every time you sell a mother or a father a drug, you are robbing their children of something. Those kids will never have a normal life, and they are probably going to bed at night without food, diapers, heat, electricity, and more. All because of your business efforts. Instead, get involved in a business where you can sell a legal product, and instead of killing your customers, you can actually help them. I love this quote by the Dalia Lama, the famous Buddhist leader, when he said "We live very close together. So, our prime purpose in this life is to help others. And if you can't help them, at least don't hurt them." Stop selling drugs today so you can stop hurting others-no, stop killing others. And in the process, you will save your own life! Be what you were created to be! You can do it, and if you need encouragement, email me on my website.

TRUTH: DRUG DEALING IS ONE OF THE MOST DANGEROUS OCCUPATIONS IN AMERICA, AND YOUR PROFITS ARE ROBBING CHILDREN OF FOOD AND DIAPERS!

BULLYING, VIOLENCE & CRIME PREVENTION LIES

LIE: MY ROLE MODELS IN LIFE ARE MY FAVORITE CELEBRITIES

"I think everybody should get rich and famous and do everything they ever dreamed of so they can see that it's not the answer."
Jim Carrey, actor

Phil with one of his role models, Lt Col Dave Grossman

You know, I like some celebrities, and I actually am excited to meet some of my favorite musicians, actors, athletes, television personalities, and comedians. But in no way do I look to these celebrities as my role models, nor do I emulate their lifestyles, their lyrics, or their movie roles. I have seen many young people become obsessed with musicians, actors, or television personalities and actually start to act like these people. I watch them dress like their favorite celebs, talk like them, and begin to act out the message in real life. You must understand that many of these people are not real, merely actors and story tellers. Many of them are fake and what the world would call hypocrites. What I mean is many of them say one thing, but do another. The message they spread on stage, in their movies or on their television shows, is not a message many of them believe personally. Many of them would never do the things they rap about or would never live out in person the roles they play on television or in the movies. And they surely would never teach their own children the things they are teaching you. For example, when you watch a reality show, you would think that because it is a "reality show" that it is real. The truth is that most reality shows are as make believe as a television drama. Everything is staged, and everyone has an agenda. How do I know? I have done my share of television, and I am friends with many who you see on today's television shows. Nothing is as it seems on television, in music, in video games, or in the movies.

On a personal note, I try to be a good person, a good citizen of my country, a good role model, and a good father to my sons. I do my best to raise my sons the best I know how and teach them right from wrong. I would never give my kids bad advice or teach them something that was wrong, evil, or a lie. I would never give my kids bad advice or make suggestions to do activities that could hurt them, endanger them, or send them to prison. The celebrities you look up to are pretty much the same. They teach their own children right from wrong, give them good advice, and steer them from evil. When you hear people like Eminem rapping about killing people, slitting his mom's throat, or beheading a 15-year-old girl, he is boasting about something he would never do in real life. Nor would he ever talk to his daughter Hailie like that. He actually was quoted as saying that he would never swear around his daughter, nor would he ever let her listen to his music. Why? He said the reason is he loves her, of course. And using that logic, obviously he doesn't love you. Remember, he would never let his daughter hear his offensive lyrics, and he wouldn't consider swearing around her. But when it comes to you, why not? He doesn't care about you or what happens to you. If he did, he would never produce the music he does, or at least he'd make sure it is never sold to children. The truth is he wants to make money, at all costs, no matter how much damage it does. Many celebrities operate like this, which is why I'm trying to snap you out of the trance these people have you in and to wake you up. You and I need to be more thoughtful when it comes to our role models. Who do you really want to emulate, and who do you want to support with your cash? For every Eminem, there is a positive role model, like Taylor Swift, Carrie Underwood, or Justin Bieber, who are good role models and actually care about their fans.

I urge you today to make a decision, a decision NOT to be played and manipulated by the media any more. Start today and see the media and celebrities for who they really are and start making better choices. The Insane Clown Posse really doesn't care about you, and you are not their FAMILY. They live in million dollar mansions and drive expensive cars as a result of your support. They are "playing" thousands of fans to make millions of dollars and make upwards of seven million dollars a year on merchandise alone, and that doesn't include album sales, concert tickets, or several other income sources. Now, don't get me wrong, they have the right in America to make a profit and sell their product, but just know that they are not your friends or family as they tell you. They are running a business, and in that business, they are making money off of YOU. They sing about killing people in their songs, cutting off people's heads, smacking people with hatchets, and slitting women's throats, but they would never do that in real life. Always remember that they are make-believe, no different than a fairy tale. And although they would never feed their own children this poison, they will gladly sell it to you. My question for you is will you continue to buy it? Is this really what you want to support with your hard-earned money? Is this the kind of movement and message you want to support and encourage for all of those other kids who are listening? Starting today,

I want you to notice the lies of the media and the lies of the popular celebrities and start supporting more positive messages in the entertainment world that can uplift your generation and help young people. One last thought: Let's say you fall on hard time next week, and you are in a jam. You can make four phone calls, so you call your favorite musician, your favorite actor, your favorite television star, and me. I would bet you that you will only get one return call, and it will be from me. Who really cares about you? Who would reach out and help you if you needed it? Those people should be your role models!

TRUTH: MOST OF TODAY'S CELEBRITIES ARE HYPOCRITES AND ARE PLAYING YOU FOR PROFIT!

LIE: BULLYING HELPS ME DEAL WITH MY ANGER AND MAKES ME LOOK LIKE A BAD ASS

"I suffered all my life. No one ever loved me. No one ever truly cared about me...All throughout my life I was ridiculed, always beat on, always hated."
Luke Woodham

Pearl, Mississippi school shooter Luke Woodham

Bullying is a common occurrence in our schools today, and the Secret Service has reported that 18 million cases of bullying happen each year in America. And, according to my research on teen murder and school massacres, bullying is a top cause of teen murder and the number one reason for school shootings. I have been begging administrators to take a zero tolerance stance on bullying and to treat bullying with the same seriousness as they would if they found a loaded gun on campus. Bullying is just as dangerous and in the bigger picture, probably more dangerous. And I'm sharing all of this information to talk to you if you are a bully yourself. And if you are not a bully yourself, you probably know a bully, so you can share this important information with them.

Being a bully is not only childish, ignorant, and makes you look like a complete ass, it's actually quite dangerous. Many students who have been bullied have returned to school with a deadly weapon with the goal of getting revenge and either hurting or killing their bully. Another thing that is important to know is they will not make a direct threat to you because research states that they don't make threats. They just show up and surprise and try to kill you. Many times they are successful. While you are studying in Algebra class, they show up at the door with a hunting rifle, and bang, shoot a bullet into your brain. Pretty scary, isn't it? And when you bully someone on the bus on the way to school, you usually forget about the incident when you begin your school day, but they never forget. They think about you day and night, usually trying to get up the nerve to get revenge. It consumes them day and night, and many times, their only solution is homicide or suicide. So, if you want to live, and if you want to be a decent human being, take the high road and stop bullying those who are easy targets. I have a saying, "hurt people hurt people." People who are hurting usually hurt others. Another saying is "Broken people break people." So, if you are hurting, or if you are broken, instead of taking it out on others, talk to someone. If you need to talk to someone and you have no one to talk to, email me on my website. I'd love to hear from you. You know why I can relate? I was once a bully in my school growing up! And unfortunately, I can relate. Why? Because hurt people hurt people, and I was hurting myself.

The essence of this problem is explained in a quote by Jesus Christ stated in the bible in the book of Matthew, in chapter 7, and in verse 12, in the NIV bible. He stated "So in everything, do to others what you would have them do to you, for this sums up the Law and the Prophets." You see, I live by this verse, and by this philosophy. I treat others how

I would want to be treated. It's called "The Golden Rule." In this world, as crazy as it is, you don't want to have enemies. And you don't want to purposely have enemies. I do my best to get along with everyone and have no enemies. Because, one day, your enemy could wake up and decide that today will be the last day of their life, and many times, they will kill their enemies before they kill themselves. Treat people right, respect others, and live by the Golden Rule. If you do this, you will feel much better about life.

TRUTH: BULLYING CAN RESULT IN LEAD POISONING, OTHERWISE KNOWN AS DEATH BY BULLET WOUNDS!

LIE: AS LONG AS I'M NOT GETTING BULLIED, I WILL KEEP MY MOUTH SHUT AND IGNORE WHAT HAPPENS AROUND ME

"There is a saying 'Snitches Get Stitches" but I prefer the saying 'Those who keep their mouths shut get shot and killed in the cafeteria.'"
Phil Chalmers

Mike Nicholson, victim of the
Moses Lake school shooting

Although this seems like the most sensible thing to do, it's actually the worst thing you can do. If classmates of the bullied school shooters would have spoken up about what they had seen or witnessed, they very well could have prevented a school shooting. They could have saved innocent lives, and if they are one of the murder victims, their decision to keep quiet actually cost them their own lives. In the bullying scenario, there are a few different players. Obviously, we have the bully and the victim. The bully is the bad guy, and he or she is not only putting their own life in jeopardy, but the lives of the school staff, the teachers, and their fellow students. The victim is innocent and should report the bullying to someone to stop the abuse. If a school does not take this report seriously, then you must report it to a teacher, community member, or someone in law enforcement. And if you still don't get the justice and help you are seeking, please email me on my website. I will get involved and get you the help you need.

Other players include the friends who are encouraging the bully, and they are just as guilty as the bully. Another player would be the witness who sees the abuse and chooses not to report it. They are now just as guilty as the bully, believe it or not. And lastly, and thankfully, we have those who witness the bullying and either report it or personally get involved, telling the bully to stop what they are doing before they report it to the school. It's very important when you see an incident of bullying at your school, or in your community, that you report it because the consequences could be very, very deadly. As an example, let me take you to a quiet, rural town in the state of Washington. The town is called Moses Lake.

Barry Loukaitis had been to a winter dance, and although the girls were asking his friends to dance, nobody asked him. He decided that he was done trying to be accepted, and he felt that nobody would ever love him. He felt that he would always be rejected, so he took on an attitude of "screw it!" He gave up! And he acted like some of your classmates may act, withdrawn, and he kept to himself. He no longer cared, and he tried to act as if he was dangerous. He talked about murder and his desire to kill others, and it worked for some time, as many of his classmates chose to stay away from him. But one day, a group of girls called him out (girls are the worst bullies, by the way, in case you didn't know that! LOL) and were challenging him, telling him that he wasn't as tough as he thought he was, and he wouldn't do anything if he was pushed to defend himself. Then, a male classmate walks up to him, in front of the girls, and says right to Barry's face, "You're a faggot" to prove that Barry would not take action. Well, unfortunately for several innocent victims,

Barry did take action and brought 3 guns to school ten days later. He told me from prison that "When he said that (called him a faggot), I knew I would kill him. Ten days later, I did!"

He returned with three loaded guns, two handguns in holsters, and a high powered 30-30 rifle in his pant leg. He pulled the gun out and opened fire on his algebra class. He immediately killed the teacher with one shot, and next he killed his bully, the kid who called him a faggot. The problem is he didn't stop there. He opened fire on the rest of the class and shot several students, killing two more. He then took his class hostage and could have killed the entire algebra class. Thankfully, he didn't kill anyone else, and a heroic teacher ran into the classroom and stopped the shooting. Bullying kills, and you MUST report any cases of abuse, bullying, sexual abuse, domestic violence, or physical abuse that you see or hear about. It could save the lives of innocent people, and it very well could save your life. I love what Martin Luther King Jr. said about helping others. He told the story of the good Samaritan and explained "The first question the priest and the Levite asked was: 'If I stop and help this man, what will happen to me?' But…the good Samaritan reversed the question: 'If I do not stop to help this man, what will happen to him?'" Do the right thing!

The bad guys and the gangs in our society love this saying, "Snitches get Stitches" in order to attempt to keep witnesses and good people from doing the right thing. When homicide detectives are attempting to solve a murder and they have a witness who can help them solve the case, many times the witness will not help the police because of the street saying about snitches. And, because of this craziness, a killer walks the street, continuing to prey on innocent people to possibly kill more innocent victims. It seems that the prison culture, the gang culture, and the street culture has infected our young generation, our teens. And yes, that means you! It has affected how teens talk, dress, act, and the way they live their lives. And this "snitches get stitches" is just another one of those influences. I have a better saying, related to the Moses Lake school shooting. Instead of "Snitches Get Stitches" I prefer "Those who keep their mouth shut get shot in the head in Algebra class." How do you like that saying?

Truth be told, there is a time when you should report things. We won't be influenced by the gangs or the prison culture, and instead, just keep it real. When you see something that is a danger to others or can come back to bite you and affect your safety, you MUST do the right thing and report the activity. Over 200 school shootings and school massacres have been diverted because of alert students who reported something that didn't look right. Thousands of weapons have been taken out of schools, and a lot of drugs have been recovered because of alert young people like yourself doing the right thing. Young girls who were being molested are now safe! Innocent young people who were being bullied and abused now live in peace! And hundreds of young people who should have been mowed down in a mass murder are alive today due to other young people "snitching," or as I call it, doing the right thing. Stay safe and report anything that that doesn't look right. And be sure to alert someone right away when you are aware of a classmate or friend who is thinking about hurting themselves or hurting others. Thanks for your assistance in keeping our schools and communities safe and for saving innocent lives.

TRUTH: NOT REPORTING THE BULLYING OF OTHERS AT YOUR SCHOOL CAN RESULT IN YOUR DEATH BY MASS MURDER!

LIE: VIOLENCE IS A WAY TO SOLVE YOUR PROBLEMS AND STOP BULLYING

"Ever dream of using the toilet with a sexual predator watching you, or have you ever dreamed of "tossing someone's salad?" Stay tuned, because this could be your future!"
Phil Chalmers

Exercise cages at a California State Prison

I can tell you one thing for sure; violence will never solve your problems. Retaliating against those who are bullying you or abusing you with violence will land you in trouble, get you suspended, get you expelled, or have you sent away to big boy prison. And if you choose to actually kill someone, your life is over as you know it. In the same breath, I want you to know that there is a time and a place

76

when you must defend yourself. I'm not saying you need to be a human punching bag. If I was pushed into a situation where I was about to be assaulted, I would defend myself for sure. But you must reserve this as your last option, and instead, do your best to report abuse, bullying, and let the authorities handle the situation.

Using murder, or extreme violence, to solve your bullying and abuse problems will land you in a state penitentiary which is a very bad place to call home. Think sex with 350 pound grown men! Not only will you have to fight to stay alive, but you will be abused on a weekly basis, you will be anally raped, you will be made to do things like "toss someone's salad," which is a prison term for being forced to lick someone's butthole. Yes, this is a regular activity for young men in prison. Not my idea of a good time, how about you? And if you think bullying is bad at your high school, magnify it 100 times, no, 1000 times, and you can begin to see how prison can be a living nightmare, a very bad dream, and a real, living hell! If you choose to use violence, or murder, you will be tried as an adult and sent to a maximum state prison, the same place they house serial killers, cannibals, rapists, child molesters, mass murderers, gang killers, baby killers, and drug dealers. These people will be your neighbors in your new community, and you will actually have to live in the same small cell with one of these crazy people. The cells are usually 4 feet by 6 feet, and in one cell are usually two bunk beds. There is also a toilet in that cell, so you will be forced to use the toiled while a sexual predator watches you from two feet away. And you will have to close your eyes and sleep with a cannibalistic serial killer sleeping above you. Not quite the quality of life I would be looking for, how about you? And every day, you can never put your guard down because on any given day, another inmate could attack you, hit you with a metal object, stab you with a homemade knife, knock you out, and kick you in the head or stab you repeatedly until you die. This could be your future if you continue to make bad choices. And you will never hear this in a fake rap song or a fake music video. Because this is the real world, baby, a world that I have seen with my own eyes! Not a place you want to live.

Say no to violence and live your life in such a way that you will NEVER call a prison your home. Take it from me and the hundreds of teen killers and school shooters I have interviewed. I will leave you with a famous anonymous proverb, and one that brings a smile to my face. "Life is not like a box of chocolates. It's more like a jar of jalapenos. What you do today might burn your ass tomorrow."

TRUTH: USING VIOLENE TO SOLVE YOUR PROBLEMS WILL LAND YOU IN PRISON, WHICH IS 100 TIMES WORSE THAN BEING BULLIED AT SCHOOL!

LIE: THE NUMBER ONE REASON TEENAGERS KILL IS THEY ARE CRAZY

"80% of teen killers are sane and know what they are doing."
Phil Chalmers

Nicholas Browning was not insane when he killed his entire family

The common theory of some people who do not study teen murder is all teen killers must be crazy or insane. Why else would a teenager make the decision to end someone's life? Well, after studying over 1000 cases of teen murder and speaking to over 200 teen killers and school shooters myself, I have come to realize that many of these teen killers are not crazy or insane. I would predict that somewhere between ten to twenty percent of these young killers might be mentally ill, insane, or crazy. The rest are, in my opinion, sane. They know what they are doing when they kill, and after they kill, they realize that they have done something wrong. Now, in the midst of killing, they do experience a temporary type of insanity where they go into a homicidal trance, but when the murder is over, they snap out of that and are back to normal.

So, if these young killers are not crazy, then why do they make the decision to kill? Well, I wrote an entire book on this subject, and if you are really interested in this topic, I would recommend the book, titled "Inside the Mind of a Teen Killer." It breaks down the causes of teen murder, warning signs, and triggers. But, to give you a quick answer to the question of why, there are ten causes of teen murder, and most teen killers have three to six of the ten causes going on in their lives. The top causes of teen murder are as follows:

Cause Number One: Unstable family and bullying at school

Cause Number Two: Obsession with violent movies, music, video games, and porn

Cause Number Three: Suicide, Anger, and Depression

Cause Number Four: Alcohol and Drugs

Cause Number Five: Cults, Gangs, and Hate Groups

Cause Number Six: Fascination with Guns, Bombs, and Knives

Cause Number Seven: Peer Pressure

Cause Number Eight: Poverty and Fascination with the Criminal Lifestyle

Cause Number Nine: Lack of Spiritual Guidance and Discipline

Cause Number Ten: Mental Illness

For more information about this topic, pick up my book titled "Inside the Mind of a Teen Killer" or my book "The Encyclopedia of Teen Killers."

TRUTH: ONLY 20% OF TEEN KILLERS HAVE A MENTAL ILLNESS, SO 80% ARE SANE AND KNOW WHAT THEY ARE DOING!

LIE: THERE ARE NO WARNING SIGNS OF SCHOOL SHOOTERS AND TEEN KILLERS, THEY JUST SNAP

"When it comes to dangerous teenagers, we have to stop looking at their faces or how small they are, and instead, pay attention to what they say and what they do."
Phil Chalmers

Pearl High School shooter Luke Woodham drawing of athletes being shot in the head

Fortunately for people like myself, the police, and school adminisrators, teen killers do display warning signs and because of these warning signs, teen murder and school shootings can be stopped. But we must know what we are looking for, and we must keep our eyes and ears open. Many teens display warning signs because they don't really want to go through with a school shooting or a

81

family massacre. Instead, they would rather have help and put an end to their pain, abuse, and misery. And even if they don't want help, these warning signs still exist. There are 25 warning signs in my book "Inside the Mind of a Teen Killer," but I will give you the most common, so you will know what to look for in your day to day activities. And when you see these warning signs, you must report them to the principal or the police immediately.

And what are those signs? Well, the first four things are part of the homicidal triad. The earliest predictors of teen violence include bedwetting into adolescent years, cruelty to animals, fascination with setting fires, and the act of peeping tom. Other signs include a threat about killing others or oneself, fascination with other school shootings, obsession with violence and violent entertainment, and an interest in deadly weapons, like guns, bombs, swords, and knives. Additional signs include threats on Facebook, a journal with fantasies and plans about killing, self-abuse, vandalism and arson activities, a change in appearance, and an interest in strange books like the Anarchist Cookbook and Adolf Hitler's books. Know the signs, and when you see a sign, take it seriously and report it immediately. You might just have saved the life of your friend, of an innocent family, your classmates, or maybe even your own life! Thanks for joining my homicide resistance team, and welcome aboard!

TRUTH: THESE YOUNG KILLERS PLAN THEIR CRIMES FOR MONTHS, AND THERE ARE DOZENS OF WARNING SIGNS TO LOOK FOR!

LIE: SNEAKING OUT OF YOUR HOUSE TO MEET FRIENDS IN THE MIDDLE OF THE NIGHT IS FUN AND EXCITING

"I encourage parents to install a security system in their homes to keep bad guys out, and more importantly, to keep their kids in."
Phil Chalmers

Young girl has no idea how dangerous
sneaking out can be

I was a kid once, if you can believe that, and I was the type of kid that took risks. Because my Dad was a strict disciplinarian, I was careful to not get into that much trouble. But I did get into my share of trouble. In middle school, I had a bloody fist fight right in the middle of a class with a kid who was bullying me. I was picked up by the police one time for breaking glass bottles on the street. You might understand that they consider that a hazard to the vehicles driving on that road. And there were the times my brother and I pushed a car out of our driveway, sneaking out in the middle of the night to go and party with friends, only to return a few hours before morning. But times have changed, and sneaking out of your house in the middle of the night today can be quite dangerous, and sometimes, turn deadly.

Many teens have been set up with the ruse of "let's sneak out of our houses tonight and get high or get drunk," and many have not lived long enough to return home. I've always told young people that not much good happens after midnight, so in reality, you should be safe at home in your own bed by midnight. Usually, it involves sex that you will regret in the morning, some sort of substance abuse, a police officer and handcuffs, or even worse, you could be the victim of a violent crime. So take my advice, and it's coming from a guy who studies teen murder and has researched several cases of young girls or young guys who were set up, raped, and murdered after they snuck out of their homes. DON'T DO IT! It's never a good thing to be somewhere that your parents are not aware of. You see, as dumb and naïve you think your parents are, they really have a good sense about danger and having lived many more years than you, actually have good advice for you many times. And if you don't want to listen to them, you must listen to me, a violent crime expert. Be safe, and if your parents have not given you a curfew, I'm giving you one right now. Don't be out any later than 12 midnight, and I would prefer you show up ever before that. I would say you could eat dinner, catch a movie, and even grab that late meal and still be in by 11pm. Now stop giving your parents a hard time, and move on to the next lie.

TRUTH: SNEAKING OUT OF YOUR HOUSE IN THE MIDDLE OF THE NIGHT IS A GOOD WAY TO DISAPPEAR AND END UP ON THE MISSINGKIDS.COM WEBSITE!

LIE: IF SOMEBODY IS TRYING TO ABDUCT YOU, DO WHAT THEY TELL YOU TO DO

"If someone tries to abduct you, you must fight, kick, punch, scratch, scream, and fall down. The last thing you are going to do is go with them and get into their vehicle."
Phil Chalmers

11-year-old Carlie Brucia being abducted by a bad guy

Earlier in this book, we talked about living in a state called "condition yellow." Condition yellow is being aware of your surroundings at all times and being prepared to defend yourself should something bad happen. It's all about trusting your instincts and going with that feeling you get when something doesn't feel right. If you have never read the book "The Gift of Fear" by Gavin DeBecker, I highly recommend it. Abduction would qualify as a condition yellow circumstance. Even though abductions are a rare occurrence, they have very deadly results, so it's important to be prepared in the event this ever happens to you. The statistics say that 90-95% of the people abducted don't survive and most will be dead in less than an hour. On top of that, the abductor will usually dump your dead body within a five mile radius of the abduction. So it's very important you pay attention to this section of the book in hopes that you would increase your survival. So, what should you do when someone walks up to you in the Walmart parking lot, grabs you from behind, and says "Don't scream, I'm not going to hurt you, I only want your money and your valuables?"

Should you ever be in this position, you should immediately make up your mind that you are not going to leave with this person. And the last thing you want to do it get into his vehicle, because once you do that, you are as good as dead. So, you need to make it very clear that you are not going with him and make it known that you are a fighter. You need to make as much noise as you can and you need to fight with everything that is in you. You are going to scream, punch, scratch, kick, and fight. Another option is to run away and possibly run back into the store and call the police. You are not going to obey any of his commands. If he is not really serious, and he really isn't going to hurt you, then you will get away when you do that. He will have to decide that you are too crazy for him to victimize. But if he is a true bad guy, and is intent on raping you and killing you, then he will do everything in his power to get you in his vehicle, even if you put up a little fight. You must fight like your life depends on it, because, well, your life depends on it. Once you break away, get help as soon as you can. It wouldn't hurt for you to work out, take self-defense lessons, and carry a weapon like the real mace that police officers carry. But mostly, be aware of your surroundings, live in condition yellow, and when you see a suspicious person sitting near your vehicle in the Wal Mart parking lot, don't leave the store. Instead, wait for them to leave or call the police for an escort to your vehicle. And trust your instincts because they are usually right. Stay away from the guy who gives you the creeps. Other ways not to be abducted include not walking home alone late at night and not dressing like you should be working the street corner because this kind of dress makes you stand out, and you catch the eye of the bad guy, rapist, serial killer, or sexual predator.

<u>TRUTH: 90% OF ABDUCTED VICTIMS WHO LEAVE THE SCENE WILL NOT SURVIVE!</u>

LIE: FACEBOOK, TWITTER, & CRAIGSLIST ARE GREAT WAYS TO MEET NEW PEOPLE

"Sitter needed for 5 year old girl...I have just been called into work...I am new to the state and know very few people nearby...Pay will be very good due to short notice...Please help...Name your price."

Katherine Olson, murdered when responding to the Craigslist ad above

In the old days, sexual predators used to hang out at shopping malls, playgrounds, and neighborhood parks to meet children and to seek out their prey. Now, with the rise of social media and online chat rooms, they are hunting on the Internet. And their favorite sites are Facebook, Twitter, Craigslist, Foursquare, various chat rooms, and online video games. Spending time on Facebook and not being smart about it is like attending an un-chaperoned party of sexual predators. I don't think you would attend a sexual predator party, but that is really what Facebook has become. So, you have to be smart, and you have to be safe. If you make the decision to have a Facebook account, you need to keep it private and make sure the private setting you choose is the one that strangers cannot see your content, personal information, and your photos. And if you have decided to enter the social media world, use them to keep in touch with your friends, family, and people you know. Don't use Facebook and Twitter to meet new people because when you do this, you are putting yourself at risk. Many predators will use a photo of a hot young girl or a hot young guy with six-pack abs to get you to make a mistake and let your guard down. They create fake people when they create their Facebook or Twitter accounts, and their sites actually look real. You think you are talking to a cute young guy or this hot young girl when in reality, you are communicating with a 50 year old overweight pervert who hopes one day you two can meet in person. Kinda creepy, wouldn't you say? I'm also not a big fan of this new website Foursquare where you update people on your location. Again, after reading the last two lies, that Foursquare might not be a great idea, allowing strangers to know your location on a Friday or Saturday night.

The same precautions should be taken when using sites like Craigslist. Anytime you begin dealing with a complete stranger, especially when money is involved, you can see how things can get a bit dangerous and unsafe. Many people, teens and adults, have been kidnapped, raped, and murdered meeting strangers on Craigslist. Imagine showing up to meet a complete stranger who in reality is a dangerous criminal with $10,000 cash in your pocket to purchase a car or a dining room set. What sounded like it was too good to be true probably is, and in reality, you are being set up for a violent robbery. Be careful with your online communications, and only interact with people you know. Don't put your personal information out there for the world to see, and instead, be smart, and live in "condition yellow."

TRUTH: IF YOU ARE MEETING NEW PEOPLE ONLINE, YOU ARE PROBABLY INTERACTING WITH SEXUAL PREDATORS!

LIE: VIOLENT ENTERTAINMENT HAS NO EFFECT ON ME

"It made me feel angry, and sometimes, just evil. Music is something that I would listen to all the time, at home, in my car. I would think 'this ain't affecting me, you'd have to be weak minded to let this stuff affect you,' and the whole time it had affected me, it helped shape the way I thought."
Tennessee school shooter Jamie Rouse talking about how his music and movies affected him

School shooters Jamie Rouse, right, and Jacob Davis, left, with me in prison

This is the biggest resistance I get when speaking about teen murder and school shooters, as I try to explain what motivates young killers is the connection between violent entertainment and violent crime. In my research, I have found that violent music, violent video games, violent movies, violent television, and violent pornography play a pretty major role in why teens kill and how they get their ideas for their violent crimes and mass murders. Some people don't like to hear this, don't agree, and want to argue and debate me. Usually, those with the strongest opinions are the companies who manufacture this violent media and those who enjoy and consume it. Although violence in entertainment seems normal in our ultra-violent society, the truth is selling violence to children is a new business and has just been taking place in the last 40 years or so. Selling violence to children is not only a new business, but a big business, and business is good!

Maybe you are in support of selling violence to children, so before you get all defensive, just step back for a second and listen to what I'm trying to say. Then you can make an educated decision and a rational conclusion. It is not normal to be entertained with themes of killing cops, kidnapping women, executing prostitutes, dismembering humans, and cutting people's heads off! It is not "normal" to watch a two hour movie filled with sex, violence, mutilation, sodomy, dismemberment, and murder. This type of entertainment is not normal and was illegal just 50-60 years ago. Much of this material we call entertainment should be viewed in the back room of some sleazy porn shop, but somehow, it has become mainstream. Imagine trying to release the movie "Hostel 2" back in 1950 or launching a video game called "Grand Theft Auto" where you will be teaching kids to kill cops and murder women. What do you think would happen to you back then? Do you have a guess? Let me tell you what would quickly happen to you. You would either be arrested and locked up for your deviant behavior, probably labeled a sex offender, or they would ship you off to the mental institution because they would have deemed you mentally ill and a danger to normal society. And although this sounds funny, it's really not that far from the truth. Man how times have changed!

The truth is, whether your mommy taught you this or not, rape, violence, kidnapping, and murder are not funny. And no matter what our society thinks is "normal," you need to start to think for yourself and really ask yourself the kinds of questions I ask myself, "Do I really want to invest in and support something this violent, negative, and offensive?" Make your own decision instead of what others are trying to jam down your throat. And keep in mind that you will soon be a mother or a father, and you will have to raise your children in a society and a culture that, in a sense, you helped create if you support violence. And remember, just because it's legal, it doesn't make it right!

Throughout our history in America, some very bad decisions have been made, and some very crazy actions and behaviors have been labeled "legal." Always remember, just because something is legal, it doesn't make it right. In this country, at one time, it was "legal" to own other people, and they called them slaves. There was a time when it was legal to have separate bathrooms and water fountains for different races of people. There was also a time when women were looked down upon, and during some parts of history, they were so looked down upon that they couldn't even vote. Do you think these beliefs and decisions were right, because remember, the state and the government told us it was legal? You can't trust the state or the government to help you choose your own personal morality; you must make up your own mind. Another example is abortion, which is legal in this country that we live in. I don't agree with it, and I'm a very big fan of children, so I believe they deserve life. I personally have adopted two boys into my family, so I'm a child advocate. Just because it's legal, I don't support it. I disagree with the government, as well as our laws, on this subject the same way I disagree with selling child sex, violence, murder, sodomy, and torture. I don't think this is right, no matter what our country's leaders say. How about you? If you don't think rape and murder is funny, then don't give these big companies your money by showing support for their product. Instead, support something positive, and instead of supporting and helping fund the next "Hostel" film, maybe you support a Tyler Perry film instead, with a positive message. Something to think about, wouldn't' you say?

I know that some of the violent movies, violent video games, and offensive music are well produced. But don't choose your entertainment based on production value, but instead, by the message of the entertainment. Every time you purchase a movie ticket, a video game, or a music download, you are sending a message to the company that sells this material or the artist who produces it that you are in support of their message. I used to give an illustration a long time ago when I spoke on destructive entertainment, back in the 1990's. I'm pulling this one from the archives from two decades ago, I hope you enjoy it, and I hope it makes sense.

Back in the 1930's and early 1940's, there were two major world leaders, and many of your grandparents and great-grandparents had to choose a leader to follow. One was a very enthusiastic and energetic speaker, and the other was not that great of a communicator. The leader who was talented had a message of hate and death, but the one who was less talented had a very positive message, a message of hope and freedom.

Which leader or speaker would you choose? The talented communicator or the leader with the positive message? If you or your grandparents choose the talented speaker, you would have followed Adolf Hitler. And if you chose the leader who wasn't as good as a speaker, you would have followed the American president, Franklin Delanor Roosevelt. Aren't you glad your former relatives chose the positive message of Roosevelt even though he may have not been the best speaker? The same goes for you and the entertainment you choose. Someday your grandkids will ask you questions like, "Did your generation really sell movies to children filled with rape and murder?" or "Did you really play video games where you kidnapped women and killed cops?" Do the right thing and make your own children and grandchildren proud. Start a new heritage today, one of Honor, Integrity, and the Respect for life.

Now, let's stop talking about opinions and begin talking about facts. After 1000 studies over a 30 year period, several experts in child behavior and child welfare came to a conclusion from all of this research. These groups include the American Medical Association, the American Academy of Pediatrics, the American Psychological Association, the American Psychiatric Association, the American Academy of Family Physicians, and the American Academy of Child and Adolescent Psychiatry. I would have to agree that these groups really know children and what is both good for children as well as what could be harmful for children. Their conclusion from their joint study was that there is a "causal connection between media violence and aggressive behavior in some children." The reason they said "some" children is because you can never say "all." The same could be said for those who smoke tobacco all their lives. "Some" will die of cancer, but never all. I would say most children are affected by violent media, but not to the extent that they will commit murder. But it does change your personality and how you treat others. While I say that, there are plenty of young people who have killed as a result of numerous causes, one being obsession with violent entertainment. Keep in mind that 5 teenagers commit murder everyday, on average, and obsession with violent entertainment is my number two cause of why teens kill.

As a final thought, I love this quote about media violence. "You can't have the kind of saturation of violence that we have today without it manifesting itself somewhere. It like a virus spreading through a large population of people. Not everyone gets sick. Just the most vulnerable, and then with varying degrees of illness." You see, as this virus spreads, not everyone is going to get sick. Just like not everyone is going to kill after consuming violent media. But the ones who are affected are the ones we are worried about, those who are vulnerable and unstable. These vulnerable and unstable kids are the kind of teens who do actually kill and take these messages seriously. I see vulnerable and unstable juveniles as those who have been molested, bullied, abused, or who come from negative and unstable homes. There is a reason we don't sell juveniles guns, pornography, alcohol, or allow them to drive cars at 14 years of age. But for some reason, we have decided that they can handle violence, torture, and pornographic themes in movies, music, and video games. I think it's time we do a better job of protecting our children.

TRUTH: VIOLENT ENTERTAINMENT HAS MORE OF AN IMPACT ON YOU THAN YOU THINK!

LIE: KILLERS, RAPISTS, AND SEXUAL PREDATORS LOOK LIKE BAD GUYS, SO IT'S EASY TO SPOT THEM

"Sexual predators look a lot like soccer coaches, church deacons, Boy Scout leaders, and your neighbors, because many times that's exactly who they are." Phil Chalmers

Don't fall for this Sexual predator trick-HaHa

So you think you know what killers look like? And you think you know what rapists look like? How about sexual predators, mass murderers and school shooters? Well, I have a surprise for you. After interviewing over 200 killers myself, and studying over 1000 cases, I can tell you that many killers don't look like killers. Many are church deacons, coaches, and upstanding community members. And some of these killers and mass murderers attend school with you. The truth be told, many killers look just like you. And that is how they are able to live in society and accomplish their bad deeds. Our society today has taken a turn for the worse, and in reality, you can't trust anyone today. NO ONE! You have to be on guard at all times, never let children out of your sight, be extra careful who you trust as babysitters, and never abuse or get into a dispute with another person, because the person you are bullying, abusing, or getting ready to fight just might be a dangerous killer or a mass murderer. And when you look at the faces of people like Ted Bundy, Luke Woodham, the BTK killer, or Kip Kinkel, you can quickly see that these serial killers and mass murderers do not look dangerous in the least bit.

Let me give you a little advice from a guy who studies bad guys. Trust no one! Don't look for trouble! Treat everyone like you want to be treated! Avoid the drug game! Don't bully or mistreat others! And never put yourself in situations where you have to trust another person, like prostitution, working Craigslist, or hitchhiking, because when you do this, you put your own life in jeopardy. You only get one life to live, so guard it, and keep in mind that life is precious and valuable. I teach in my seminar a thing called "condition yellow." Most people in society live in "condition white," which means they are not street smart, and they have no idea what is going on around them. Many women, children, and teenagers live in condition white. When you live in condition yellow, you trust no one, and you are aware of what is going on around you. Living in condition white is unsafe, and when something bad happens, a condition white person moves to condition black, or shock. Instead of the flight or fight scenario, they actually freeze. That is not a good thing, and this scenario gets people killed, raped, and abducted. When you live in condition yellow, you are ready for something to happen, and when it does, you move to condition red, or fight mode. Stay safe, be aware of your surroundings, and live in condition yellow.

<u>TRUTH: KILLERS, RAPISTS, AND SEXUAL PREDATORS LOOK LIKE THE GUY NEXT DOOR. WHY? BECAUSE THEY ARE THE GUY NEXT DOOR!</u>

LIE: JOINING A GANG IS A WAY TO HAVE THE FAMILY YOU NEVER HAD

The gang lifestyle is a life filled with "alcohol, drugs, crime, uncalled violence, and lust with no real love. The involvement in gangs lead to a self-destructive lifestyle."
Former Texas gang member's message to young gang members

Young children being taught the gang
lifestyle at a young age

I have never been in a gang, but my good friend, rapper L G Wise, was raised by a drug family. But I do understand what it means to have a sense of family if you have no family. The only problem is this new family isn't exactly your family, and when bad things happen, even your so called "new family" can turn on you. I've also seen young people get "adopted" by their good friend's family, which is kind of cool. In this situation, it could be a positive force in your life, and your friend's family could treat you like family and even help you out when things go bad. This could be a positive thing in your life, and I've seen many nice families help other people's kids out. But joining a gang is an entirely different animal, and this new family could seem like a positive thing, but just as quickly, could get you killed. Gangs are dangerous, and you can quickly find yourself locked up in prison or dead if you cross the wrong people.

Your fellow gang members will tell you that you are family, that blood is thicker than water, and that they will always be there for you. The truth is they will not always be there for you, and your "homies" will quickly turn into "phonies" if the right situation arises. When push comes to shove, they will choose what is in their best interest over your best interest. When faced with a life and death situation, they will turn on you. And if this betrayal doesn't kill you, and you survive, there is a good chance you will be off to the state penitentiary. If, or when, you are faced with this situation, a long prison sentence, then you will finally see who your family really is and who your "homies" really are.

You see, although they promised that you were now family and they would have your back no matter what happens, once you land in prison, your eyes will be opened. They will stop visiting you, stop placing money on your prison books, and will stop taking your collect phone calls from prison. Only then will you realize that this so called family isn't your real family. Don't choose the gang lifestyle, even if your family was involved and you come from a long line of gang members. Do something crazy and break the cycle of violence in your family. Break the curses in your family history, just like I did, and just like my friend, rap artist LG Wise, did. And make a smart decision, one that will not only impact your life, but also your future children.

If your family is negative or unstable and your family history involves drugs, gangs, and crime, then it's time for you to change your family history. Make the decision to do things right, legal, and healthy. Raise a safe and happy family, and make money the legal way. It's an amazing thing when you can live life and never be worried that you are about to be arrested or never be worried that you crossed the wrong person and someone may come and shoot you dead tonight. What it's really called is living in peace, having purpose in your life, and living life with true joy and experiencing true love. If you choose to live this lifestyle, you will never have to worry about leaving your girl or guy while you spend the rest of your life in prison or leaving behind those beautiful kids who will have to fend for themselves in this crazy world. You see, if you are locked up in prison, you can't be there to lead them, to guide them, and most importantly, you can't be there to protect them. Make the right decision and steer clear of the gang lifestyle, and if you are currently involved in gang activity, it's time to leave. And you may have to move out of your city or move completely out of your home state. But if your future children are at stake, leaving your gang could be the best thing you could do. And the same thing could be said about dangerous cults, white supremacy groups, hate groups, vampire groups, the juggalos, satanic groups, and other cults. It's time to change your story and in the process, change your family history. Not many people retire from being a drug kingpin or a top level gang member. Our prisons and cemeteries are filled with former high level gang members. Break the cycle of crime and violence!

TRUTH: MOST OF YOUR HOMIES WILL QUICKLY TURN TO PHONIES WHEN HARD TIMES COME!

SUICIDE & SELF-IMAGE
LIES

LIE: I THOUGHT MY FRIEND WAS JUST JOKING ABOUT COMITTING SUICIDE

"Any threat of suicide should be taken seriously, and if it is, this could prevent a suicide, or even worse, a homicide."
Phil Chalmers

Cynthia Lee
leon aka my " dad" your A GOOD FOR NOTHING DRUG CHEATING LOSER I HATE YOU YOUR NOT ALOUD AT MY FUNERAL DUDE FOR REAL! to anyone else who was real to me im very sorry i cant handle this shit anymore.....
RYAN DAVID HARDWICK i love you with all my heart but every time we get caught talking you go to jail i will NOT ever be a reason you go there again my pain is too strong to strong to handle any longer im so sorry for hurting you just know U R MY TRUE LOVE... mom here i come

Share · 17 hours ago · 👍

Facebook suicide note of young mother
who killed herself with a shotgun

Suicide is a serious problem today and is claiming the lives of thousands and thousands of our young people. It is a growing epidemic. The latest statistic is every two hours a young person successfully takes their life. Every two hours of every day, which means 12 people under the age of 24, successfully kill themselves every day in America. How sad is that? And many of them really wanted help but didn't know how to ask for it. Also, many, with the chance to do it over, would have not taken their life. How do I know? Because I speak to teens who have survived suicides and are now happy and living a normal life. They tell me they are so happy to be alive and would have never had the chance had they been successful at taking their own life. And thousands of other teens are alive today because a friend cared about them enough to tell someone

105

and get them help before it was too late. So, you cannot take suicide lightly, and when someone jokes about killing themselves, they are not just joking. They have thought about this act before, or they would not be joking about it. I never joke about killing myself because I have never thought about doing that. But when someone who mouths those words, it very well could be a cry for help. Because of that, we can never take a threat about suicide lightly. We must ALWAYS report it and get that person help. So what are the signs? I thought you would never ask.

The biggest sign of suicide is a verbal threat, something subtle like "I should just kill myself," "Nobody would miss me," or "I should just disappear." These are real threats and should be reported immediately. These types of threats would be the number one sign of teen suicide. They can be said verbally or posted on blogs, Facebook, or written in personal journals. The second sign, and just as common, is giving away prized possessions, like giving friends your favorite video games, favorite clothing, or prized possessions. I have seen this many times right before a young person takes their life. Others signs include planning a funeral, getting your affairs in order, saying goodbye to loved ones, and a sudden happiness after being depressed for a long period of time. The reason for the happiness is the person has decided that they are finally going to take their life, and there will be a period of joy just prior to the suicide. If you are thinking about suicide yourself, I want you to know that this is a lie straight from the pit of hell! Ending your life is not the way to solve your problems. Everyone has problems, from the richest celebrity to the president of the United States, from me to you. But most, if not all, of those problems are temporary and will be eventually be solved or might even just go away. Killing yourself is a permanent solution to these temporary problems. Instead of taking your life, talk to someone! Get help! Email or Facebook me! Take action, before it's too late.

One more thing to keep in mind is that suicide and homicide are very closely related. Today, when a person is contemplating suicide, many times they will add the act of homicide to their final plans, and sometimes they will take the lives of others before they take theirs. That is why it's so important for you to report all threats to the authorities, because in the end, you may have also prevented a homicide or a mass murder. You can save the lives of your friends, family members, your classmates, and more importantly, you can save your very own life. Thanks for caring, and God Bless you as you help others.

TRUTH: THE TOP TWO WARNING SIGNS OF TEEN SUICIDE ARE THREATENING TO KILL ONESELF AND GIVING AWAY PRIZED POSSESSIONS!

LIE: SUICIDE IS AN ANSWER
TO LIFE'S PROBLEMS

**"Today I look at the world in a new light
(even though he is blind). It's hard to look to
tomorrow, but if you have the courage to go on,
you'll make it. Some people don't get to go on.
Some people don't get a second chance."
AJ Reed, giving advice to those thinking about suicide**

Suicide survivor AJ Reed, who survived two suicide
attempts, one with a shotgun

Suicide has become an answer today to many young people's problems. Instead of dealing head on with their challenges, instead, every two hours, a person under the age of 24 successfully completes the act of suicide. I just can't believe this is happening in America, and it's one of the reasons I travel and speak at schools. My hope is that I can offer students hope and truth and dispel some of the lies that they are hearing in society today. The truth is many young people have decided that life is not worth living and have chosen suicide as the ultimate answer. So, if you or someone you know is contemplating suicide, please listen to what I have to say very carefully in the next few paragraphs.

I explain suicide as a permanent solution to a temporary problem. Once you decide on suicide as your answer, most of the time there is no turning back. This is a permanent mistake. And not only permanent, but fatal! I do get to speak to many young people who had tried to take their life, and by the grace of God, survived. They are extremely lucky, and now, looking back at their horrible decision, will tell you that they made a very bad choice. And they will tell you that they are lucky to be alive and really thankful for life. Many of them are now married and enjoying the life that they almost lost. You see, no matter how bad life is at the moment, it will get better. I PROMISE! And if your school life sucks, then leave your school. Take classes at home, on the Internet, or switch schools. I know that sometimes students can be brutally mean to one another, but you do have other options besides death. The best revenge on the haters is to have a happy life. When you kill yourself, the haters and the bullies win!

You also should know the signs of suicide so you can help others. Maybe your parents, your siblings, or your friends are contemplating suicide. If you study the signs, you can get them the help they need before it's too late. When you log on to TrueLiesAssembly.com, there is a section of the website titled "Get Help Now." In that section, there are a few suicide websites. Check out those sites and know the warning signs and how to help those considering suicide. You can always call 1-800-SUICIDE to get help 24 hours a day. The most common signs of suicide are threatening to kill yourself, giving away prized possessions, and getting one's affairs in order. So listen for threats and watch for people you know giving away their favorite video games, their IPOD's, and maybe their favorite pieces of clothing. Also, watch for people you know trying to get their affairs in order, which may include closing bank accounts, making out wills or funeral eulogies, or saying goodbye to people they love. Know the signs, and when you see someone displaying any of these warning signs, get help immediately. Most importantly, Choose Life!

<u>TRUTH: SUICIDE IS A PERMANENT SOLU-TION TO A TEMPORARY PROBLEM!</u>

LIE: CUTTING ONESELF IS A WAY
TO RELEASE YOUR PAIN

**"A good portion of young people who self-injure
report also experiencing suicidal ideation, and it
ranges between 40-80%. Approximately 30% of those
who self-injure have also made a suicide attempt at
least once in their lives."
Stats from SelfInjury.com**

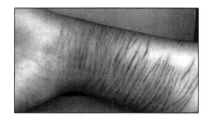

A sample of the kind of wounds of self-injury

A lot of young people in the past decade have taken up
the act of self-mutilation, or as teens call it, self-injury or
cutting. This can be done by burning oneself, or the more
popular choice today is cutting oneself. If you are a cutter,
I'm sure there is some sort of trauma in your life. Maybe
you have been abused, molested, or mistreated. Maybe
you are being abused by your boyfriend, bullied at school,
or maybe you are having a hard time coping with life's
challenges. Or, maybe you come from a crazy, unstable
family. No matter what is happening in your life, I want
you to know that I feel bad for what has happened, and I
deeply care for you. And as someone who cares for you,
I can assure you that harming yourself is not something

that will make the pain go away. I understand that it feels like you are releasing the pain, but you know deep down that this is a problem, and you need to get help. There is a better way to cope with the pain in your life, and there are plenty of suggestions in the websites I have listed on TrueLiesAssembly.com. But let me encourage you for a minute and tell you that as bad and as crazy as your life is, and I know it can be very bad, you are still alive, and you are still breathing. That is better than thousands and thousands of young people who are dead, at the hands of someone else or at the hands of themselves. I also want you to know that your life will get better, eventually you will graduate from school, and eventually you will move out of the crazy home and the crazy family you live with.

If you are being mistreated right now, as you read this book, you MUST remove yourself from that situation. If it's an abusive boyfriend, it's time to break up with him and contact law enforcement. If you are being molested or abused at home, walk to the nearest police station and ask for the officer in charge. Or, if you are afraid to do any of this, the good news is you can contact me. I would love to help you and to be the person that leads you to safety. My contact information is on my websites, PhilChalmers.com and TrueliesAssembly.com, or you can Facebook me at Facebook.com/PhilChalmersAuthor. I would love to hear from you, and I would love to help you. NOBODY deserves to be molested, abused, or treated poorly. Physical abuse, sexual abuse, and emotional abuse are wrong! You can do this! You can escape your situation, and instead of hurting yourself, you can begin to get healing, and finally, you can begin to live in safety and live with someone who actually cares for you. Please let me know if I can be of any help to you, and I will be praying for your safety and recovery.

TRUTH: SELF-INJURY IS A SIGN THAT YOU ARE IN NEED OF SOME GOOD COUN-SELING AND THERAPY!

LIE: I HAVE THE WORST FAMILY, AND I CAN'T FORGIVE THOSE WHO HAVE WRONGED ME

"You can complain because roses have thorns, or you can rejoice that thorns have roses."
Ziggy

Forgiving those who have wronged
you will bring peace to you

Families are interesting, aren't they? For all of us, no matter how nice, loving and stable our families are, there is an element of craziness in every family. Every family has those one or two people who are just plain nuts. And for some of us, it's not just one or two crazy people, instead, it's dozens of crazy relatives. I know, because I have plenty of crazy people in my family. So you think your family is the worst ever, and you think that nobody has a crazier family than you? Think again, sweetheart!

The truth is people, in general, are crazy. Completely nuts! And that's just the nature of people. And even though many families look great on the outside, if you were to live in someone's home for a week, you would realize that

113

every family has its problems, its drama, and its share of instability. Every family has that crazy, drunk uncle; that abusive parent; that crack head cousin; and that alcoholic brother. Every family has problems, issues, drama, tension, arguments, sadness, unforgiveness, and brokenness. So don't feel like it's just your family; believe me, you are not alone. Count your blessings and find the good that you can find. Maybe you have been abused, but at least you are no longer in that abusive situation and now you can help others who are currently being abused. Maybe you only have one parent, but it's better than having none like many kids growing up, being raised in a group home or state facility. Make the best of what you have, and always realize that there are others who are much worse off than you.

The coolest thing about being raised in a crazy family is that you have a chance to break the cycle. I could not wait to have my own family and to break the cycle of my crazy relatives before me. There is a lot of hate and racism in my family history. There is a lot of violence, hate, anger, and mistreatment. There is alcoholism and drug use in my family tree. And many of my relatives don't know how to treat a spouse or how to treat their children. I decided that I would break all of these curses in my personal family, and I married a beautiful young lady named Barb, and I now have two boys who I love dearly. And I have had the opportunity to break the curses that set out to destroy me and to completely cut down my family tree, to start over again, and plant a new family tree. My prayer is that my boys will grow up to respect others, honor their wives, love their children, and be the best positive role models they can be for their children. And if I can do it, I'm sure you can do it, too. Be the parent and family you wish you had!

I love this quote by one of my favorite presidents, John F Kennedy. He said "Forgive your enemies, but never forget their names." I love this quote because it is very deep. The message: Forgive others who have wronged you, but don't forget their names. Don't put yourself in a situation again where you can be hurt, but you must forgive. When you harbor hate and unforgiveness, it only hurts you. It never hurts the person you are mad at. Unforgiveness is like poison, and when you don't forgive others, it's like drinking poison to get back at someone you are mad at. The only person who would die would be you! So actually, when you harbor hate and unforgiveness, you only hurt yourself.

<u>TRUTH: NO MATTER WHAT ANYONE HAS DONE TO YOU, HATING THEM AND LIVING WITH UNFORGIVENESS ONLY HURTS YOU. YOU MIGHT HAVE IT BETTER THAN YOU THINK!</u>

LIE: I AM WORTHLESS AND I HAVE NO PURPOSE

"I meet so many young people who have overcome so much and today are changing the world. There is a saying, 'Whatever doesn't kill you will make you stronger.' I'm a big believer in this saying, and I'm living proof."
Phil Chalmers

Phil pictured with his family, doing his best to be a good husband and father

You may not know this yet, but life is precious, and life is an awesome gift! My personal belief is life is a gift from God, our creator. I don't think we just appeared or were formed from mud, but instead, I believe we were created by a very big God. How do I know this? Just look around you and observe how amazing our earth is. Anyone can tell there is a God by watching the animal kingdom or seeing how amazing the human body is. And the God that I'm talking about gives each of us one life, one shot at an existence. Once that life is over, it's done. I love this quote by Lillian Dickson, a missionary, about life. "Life is like a coin. You can spend it any way you wish, but you only spend it once." I definitely agree with this quote, and I have done my best to spend my life wisely. For me, my mission and purpose has been to help protect children and to help teens make better choices. At the age of 18, I discovered my mission and purpose in life. I discovered why I was born and what my mission was on this earth. So, I have a question for you. Why are you here on earth? What is your mission and purpose? What are your gifts and talents? Once you discover the answers to these questions, you can and will experience true joy, real peace, a sense of mission, and a real purpose for living. Until you discover this important information, life may seem a bit senseless, boring, and sometimes unbearable. Continue reading these the next few paragraphs, and I will do my best to help you discover why you were born on planet earth. One of my favorite quotes about life and purpose is by Dr. Martin Luther King, and he said "A man (or woman) who won't die for something is not fit to live." What he is saying in this quote is once you find a mission and purpose for your life and you are so passionate about it that you would die for the cause, then life is really worth living. For me, that is when life gets exciting. Are you willing to die for something? Would you die for your Xbox or your Ipad? Or is there something much deeper that you would be willing to die for? I know that's a lot to think about, but that is why you picked up this book.

As you examine your life and attempt to discover your purpose, sometimes your reaction is that nobody understands where you are coming from or no one knows how hard your life has been. I can tell you that I understand because my life hasn't been all that easy. I had some struggles growing up, and my family was not perfect. There was instability in my home, as well as violence and alcoholism. But I always would remind myself that there are others who have it much worse than I did. At least I can

117

say that I have parents, and I had food, along with a roof over my head. Journalist Sydney Harris had a great quote about life. He said "When I hear somebody sigh, 'Life is hard,' I am always tempted to ask, 'Compared to what?'" There are people that really should not be alive because of their family and upbringing, and their lives have been filled with abuse and trauma. Yet, many of them not only survive, but many of them thrive. I'm one of those teens. And if they can do it, or if I can do it, guess what? You can do it also. Read a few of the following quotes to help you begin thinking about your gifts, talents, your mission, and your purpose.

"Don't go around saying the world owes you a living. The world owes you nothing. It was here first." Mark Twain, author

"To succeed in life, you need three things: a wishbone, a backbone, and a funnybone." Reba McEntire, musician

"Never be afraid to do something new. Remember, amateurs built the ark; professionals built the titanic." Anonymous

"We all have ability. The difference is how we use it." Stevie Wonder, blind musician

"Here is a test to find out whether your mission in life is finished. If you are alive, it isn't." Richard Bach, writer

"Make your work to be in keeping with your purpose." Leonardo da Vinci, artist

"Efforts and courage are not enough without purpose and direction." John F Kennedy, former President

"When you were born, you cried and the world rejoiced. Live your life so that when you die, the world cries and you rejoice." Cherokee expression

"We must not, in trying to think about how we can make a big difference, ignore the small daily differences we can make which, over time, add up to big differences that we often cannot foresee." Marian Wright Edelman, child activist

"I have never let my schooling interfere with my education."
-Philosopher Mark Twain

"I think there is a world market for maybe five computers."
-Thomas Watson, Chairman of IBM in 1943

"There are no shortcuts to any place worth going."
-Anonymous

"Press on. Nothing in the world can take the place of persistence."
-Ray Kroc, Founder of McDonalds

"Whether you think you can or think you can't, you're right."
-Henry Ford, founder of the automobile

"The dictionary is the only place success comes before work."
-Anonymous

"Great minds discuss ideas; Average minds discuss events; Small minds discuss people."
-Eleanor Roosevelt

"When life knocks you down, try to land on your back. Because if you can look up, you can get up. Let your reason get you back up." Les Brown, motivational speaker

"When you can't have what you want, it's time to start wanting what you have." Kathleen A. Sutton, writer

You see, we have been talking about the 30 lies in this book, but this lie, number 30, is the most dangerous in this book. You see, if you really believe your are worthless, and if you really believe you have no mission and purpose, it's like you never lived. And that's sad because you are special, unique, and you were born with special gifts and talents, and you were born with a mission and purpose. Do you realize that you are so unique that there is no one on this earth like you? You have DNA in your body that matches nobody else, and you have fingerprints on the ends of your fingers that match no one else. Even though this is true, you must believe it. And I want you to put aside any belief you have right now and just accept the fact that no matter what you have been through, God loves you, God created you, and you are special. And when you were born, you entered this earth with special gifts and talents that nobody else has. And God gave you a mission and a purpose. So, read the next few paragraphs, take some notes, and see if you can discover that today so you can begin living this wild and exciting ride called life.

In my school assembly, I do an illustration with a twenty dollar bill. I hold it up and explain that that this twenty dollar bill was created as a twenty dollar bill. I step on it, crumple it up, write on it, and yet, it still maintains its value. Because it was created as a twenty dollar bill, it's still worth twenty dollars. The same goes for you. You were created with great value, and you were born a very valuable person. You never lose that value, no matter what happens to you. You may have been molested, abused, bullied, or your parents are getting a divorce, but no matter what happens, you still maintain your value. And every time you see a twenty dollar bill, remind yourself that you are valuable, no matter what happens to you. So, now that you know you are special, let's take a look at a few special qualities that I feel are important, and let's see if you possess any of these qualities. These are all very critical qualities to have for you to become the person you need to be.

The first quality is "Character," and character is best described as who are you when nobody is looking. Your true character is who you really are. You can pretend to be anything you want, and your friends and family might believe this fake persona, but when you are all alone, and no one is looking, your character is who you really are. So, what is your character? Are you phony or are you being the real you? Live a life of good character and be the real you, no matter who is looking. Another quality is "honor," and honor is a big one in my eyes. Honor is showing unconditional respect to God, your country, your parents, your family, and for us guys, showing honor to women. Living a life of honor makes you feel good and gives you a sense of pride. Honor not only gives you a sense of pride, but others will be proud of you, like your mother, father, spouse, boyfriend, girlfriend, and others.

Another quality is 'purity," or as I call it, living the pure lifestyle. This can apply to many facets of your life, but to me, it really applies to sexual activity and substance abuse. When you feel a sense of worth, you begin to respect yourself and your body. When you begin to do this, you begin to stay away from drugs, alcohol abuse, tobacco, and other substances that destroy your health and your body. You also begin to see that you have value and begin to respect your own body, realizing that your body is special, and it is something that is to be saved for marriage. When you choose purity, it gives you a sense of peace and self-worth that you can never have while consuming drugs or giving away a piece of your body that you can never get back.

Join me and thousands of other young people in living the pure lifestyle and see how your self image changes.

Two more qualities that are important to me and to your development, are 'integrity" and "honesty." Integrity and honesty are important qualities when you are married, as well as when you are raising children. They are also important when you are an employee, working for someone else. These qualities help you to be trustworthy, dependable, and send a message to others that they can believe what you say. If you want healthy relationships in life, people need to trust you. And that includes your family, your friends, your future spouse, your future children, and your employers.

Another quality that is closely related to integrity and honesty is "self-control," which is a game changer in your life. In life, you will be presented with numerous opportunities and bad choices, and you will be temped with bad decisions and choices, but when you exercise self-control, you can say no to those situations. These could include an illegal business deal, an affair with another man or woman, or an opportunity to cheat on your taxes. When you exercise self-control, you can live life with a sense of peace as well as a sense of pride. Your future wife or husband and your future kids will thank you for exercising self control, so I would suggest you begin exercising this quality today.

Two more important qualities that I hold dear are "love" and "respect." This means loving and respecting others no matter what they look like, what they say, or what they believe. This means respecting and loving others no matter what their race is, their religious view, or their sexual preference. Everyone deserves your respect, and when you are living the life you were created to live, you will also love others. When you do this, it will bring peace and joy to your life and could be a life-changer for others.

Another quality that is important to me is "perseverance," which is the act of not giving up, but pursuing your goals in life, and never quit. Good things will come to people who don't quit and keep pushing forward towards their goals. Set goals for your life, and they can include a goal for what you want in a spouse, how many kids you will have, what college you will attend, what you want to do for a living, and what you want to accomplish in life. Another goal may be something you want to accomplish before you die, but whatever your goals are, keep pushing forward and don't stop until you reach your goals. And when you accomplish your goals in life, send me an email and let me celebrate with you.

The last two qualities are the two most important qualities you can possess, and those are "mission" and "purpose." Without these, life is going to be very, very hard for you. Until you figure out your mission and purpose, you will struggle in life. What is your mission, or in others words, what were you born to do? Who are you? What is your purpose? Why did you get this opportunity to be born and receive the gift of life? What are your gifts and talents that you have been given to leave a mark on this world? Once you know that, pursue your mission in life, and this could be accomplished through your work, occupation, or even your hobbies. Remember, you are here for a reason. Your mission and purpose is never to hurt others or yourself. Your mission is never to abuse drugs, join the sex trade, or to destroy other people's lives. So, what is your REAL purpose for being on this earth? Once you discover this, it will guide and direct you in your future decisions, and if you make the right decisions, you will never work a day in your life. When you get up everyday and go off to work, it's not really work, but you are doing something you enjoy. In fact, when it's your mission and purpose, you would probably do it for free. That's when you know you are doing the right thing. When you discover your mission and purpose, go to TrueLiesAssembly.com and tell me your story.

There is one last thing I want to share with you, and it's pretty important. At the end of every school assembly I do, I end with this thought or idea. I tell my audiences that when they leave my assembly, they can no longer blame others for the quality of their life. I tell them that they can no longer blame their mother, their father, their pastor, their priest, their principal, their teachers, their school, or the police. The only person that they can blame for the quality of their life is themselves. You see, you have to make choices in your life, and if you make good choices, your life will be pretty good. But if you make poor choices, your life is going to suck. And the same goes for you. Starting today, stop blaming others in your life and begin to blame yourself. If you start making good choices in your life, your life will turn out pretty good. But if you continue to make bad choices, trying to blame others for your bad choices, your life will unravel. You will begin to have bad things happen to you because of your poor choices, like an unwanted pregnancy, a sexually transmitted disease, health problems from drugs or alcohol abuse, maybe an arrest record, or you could end up in prison, or even worse, dead! So, starting today, it's time to begin making good choices in your life and to begin to see life and your culture for what it is. Understand and spot the lies of your culture, and begin to see truth in every situation. Don't let others dictate the quality of your life, but instead, you choose your destiny. And when everyone else around you is making poor choices, including your friends and family, go against the grain and follow your dreams, mission, and purpose. It's your life, and you are the only one who has to live your life. I trust you will do the right thing, and I'm excited to hear how your life turns out. Please email me on my website, TrueLiesAssembly.com, and tell me your story. God Bless you, and have a great life!

TRUTH: YOU ARE UNIQUE, AND YOU ARE ON THIS EARTH FOR A REASON. YOU HAVE SPECIAL GIFTS, TALENTS, AND YOU HAVE A MISSION AND A PURPOSE!

ABOUT THE AUTHOR

$\mathbf{P}$hil Chalmers is an American author, television personality, motivational speaker to teens, and a juvenile
homicide police trainer. Known as "America's Leading
Authority on Juvenile Homicide," Phil has been studying
youth culture, teen murder, and school shootings since
1985. Phil is the author of the popular book "Inside the Mind
of a Teen Killer," his 25 study on why teens kill and how

to stop them. Phil has been featured on Spike TV's "Don't Be a Victim," The E! Networks shows "Billionaire Crime Scenes" and "Too Young To Kill," and he has appeared on the Montel Williams Show and the Howard Stern Show. Between writing books, making television appearances, performing school assemblies, training police officers and school administrators, and being a loving husband and an awesome dad, you can find Phil watching local stock car racing, driving his custom hot rod, watching mixed martial arts, working out, watching his favorite football team the Pittsburgh Steelers, or watching a few of his favorite television shows, "Pawn Stars," "Cops," and "48 Hours Mystery." Phil is currently working on his own television series about teen violence and bullying and is hoping it will be broadcast on North American television sometime in 2013. Phil lives by his favorite phrase, "You win in life by helping others." He hopes you will do the same after reading this book.

ADDITIONAL RESOURCES AND WEBSITES

There are many other places where you can get information on the issues we discussed in this book, and you can find those resources by going to TrueLiesAssembly. com and clicking on "Get Help Now." If you have a story to tell Phil, or you want to connect with Phil Chalmers personally, you can email him at his website, TrueLiesAssembly.com, or his police training website, PhilChalmers. com.

PHIL CHALMERS'
MERCHANDISE

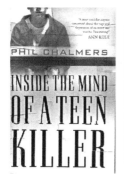 

Pictured is Phil's book on teen violence
and his latest bullying t shirt

P hil Chalmers has books, DVD's, t-shirts, and other cool stuff in the store on his website, TrueLiesAssembly.com. Check it out and get your hands on some weapons that could help change your school, your culture, your community, and your world! You can also pick up more copies of this book on Amazon.com.

HOST A LIVE SEMINAR OR SCHOOL ASSEMBLY

If you enjoyed this book, you will love Phil Chalmers' live seminar and school assembly, also titled "True Lies." Phil travels North America performing seminars and assemblies at schools, churches, detention centers, group homes, community centers, or wherever he is needed. To get more information about Phil's live show, "True Lies," log on to the True Lies website, TrueLiesAssembly.com, or email Phil at chalmers33@aol.com, and express your interest in bringing Phil to your community, and tell Phil what city and state you live in. Your friends, family, school, and community would greatly benefit from this presentation, so go for it and lead the charge in brining Phil Chalmers live and in person to your city.

CPSIA information can be obtained at www.ICGtesting.com
Printed in the USA
BVOW010946120612

292365BV00001B/9/P